T0209507

essentials

essentials liefern aktuelles Wissen in konzentrierter Form. Die Essenz dessen, worauf es als „State-of-the-Art" in der gegenwärtigen Fachdiskussion oder in der Praxis ankommt. *essentials* informieren schnell, unkompliziert und verständlich

- als Einführung in ein aktuelles Thema aus Ihrem Fachgebiet
- als Einstieg in ein für Sie noch unbekanntes Themenfeld
- als Einblick, um zum Thema mitreden zu können

Die Bücher in elektronischer und gedruckter Form bringen das Fachwissen von Springerautor*innen kompakt zur Darstellung. Sie sind besonders für die Nutzung als eBook auf Tablet-PCs, eBook-Readern und Smartphones geeignet. *essentials* sind Wissensbausteine aus den Wirtschafts-, Sozial- und Geisteswissenschaften, aus Technik und Naturwissenschaften sowie aus Medizin, Psychologie und Gesundheitsberufen. Von renommierten Autor*innen aller Springer-Verlagsmarken.

Pia Löffler

Kanzleimarketing online

Von der Idee bis zur Umsetzung
erfolgreich im Netz

 Springer Gabler

Pia Löffler
München, Deutschland

ISSN 2197-6708   ISSN 2197-6716   (electronic)
essentials
ISBN 978-3-658-42224-0   ISBN 978-3-658-42225-7   (eBook)
https://doi.org/10.1007/978-3-658-42225-7

Die Deutsche Nationalbibliothek verzeichnet diese Publikation in der Deutschen Nationalbibliografie; detaillierte bibliografische Daten sind im Internet über http://dnb.d-nb.de abrufbar.

Planung/Lektorat: Irene Buttkus
Springer Gabler ist ein Imprint der eingetragenen Gesellschaft Springer Fachmedien Wiesbaden GmbH und ist ein Teil von Springer Nature.
Die Anschrift der Gesellschaft ist: Abraham-Lincoln-Str. 46, 65189 Wiesbaden, Germany

Was Sie in diesem *essential* finden können

- Einen kompakten Überblick über die wichtigsten Themen im Kanzleimarketing
- Konkrete Tipps für eine erfolgreiche Kanzleiwebsite
- Wichtige Hinweise, wie ein erfolgreicher Social-Media-Auftritt gelingt

Vorwort: Online-Kanzleimarketing

So gelingt die Vermarktung anwaltlicher Dienstleistungen im Internet

Das Internet ist ein großer Marktplatz – natürlich auch für anwaltliche Dienstleistungen. Allerdings tun sich viele Kanzleien, Rechtsanwälte und Rechtsanwältinnen schwer, sich und ihre Beratungsleistungen optimal im Netz zu präsentieren.

Verwundern muss das nicht. Denn im Studium der Rechtswissenschaften lernt man viel – nur nicht, wie man sich selbst und das, was man kann, optimal in Szene setzt. Hinzu kommt, dass sich auch sonst im Kanzlei-Team meist niemand findet, der sich mit dem Thema Onlinevermarktung anwaltlicher Dienstleistungen bereits vertieft auseinandergesetzt hat.

Das ist schade. Denn die Möglichkeiten, sich online professionell zu präsentieren, sind vielfältig: mit einer guten Website, professionellem Suchmaschinenmarketing, das die Sichtbarkeit und Reichweite der Onlinepräsenz erhöht oder mit Profilen bei Anwaltssuchdiensten. Und nicht zuletzt ermöglichen soziale Medien eine nie dagewesene, sehr persönliche Ansprache der Personen, die man als Mandantinnen und Mandanten gewinnen will.

Aber wie sehen diese Möglichkeiten genau aus? Gibt es Besonderheiten, die man bei der Onlinevermarktung in der Rechtsberatungsbranche beachten sollte? Und wie geht man das Thema Online-Kanzleimarketing praktisch an?

Um die Beantwortung dieser Fragen soll es in diesem Essential gehen. Gleichzeitig möchte ich Ihnen die Grundlagen des Online-Kanzleimarketings vermitteln: damit Sie für sich und Ihre Kanzlei entscheiden können, welche Maßnahmen für Sie Sinn machen, welche nicht und wie Sie Projekte ganz konkret in Angriff nehmen können.

Eines sei dabei gleich vorab verraten: große Marketing-Budgets sind eine feine Sache. Aber auch mit kleinen, effizient eingesetzten Budgets lässt sich wirklich etwas erreichen – sowohl in größeren Kanzleien als auch in kleineren Einheiten und Einzelkanzleien.

Mit den besten Wünschen für Ihren Erfolg

Pia Löffler

Inhaltsverzeichnis

Kanzleistrategie: Die Basis für eine (Online-) Marketingstrategie

Bevor es mit der Planung einer Website oder von Social-Media-Posts und Content-Strategien losgeht, lohnt es sich, einen Schritt zurückzugehen und kurz innezuhalten.

Das ist enorm wichtig. Denn Begeisterung für (Online-) Marketing ist zwar wichtig und gut. Wer aber ohne Plan mit Marketingmaßnahmen anfängt, wird Geld verbrennen und nicht den Erfolg haben, der eigentlich möglich ist. Bevor man mit (Online-) Marketing beginnt, geht es also darum, *eine* Strategie zu haben. Existiert noch keine Strategie in der Kanzlei oder verfolgen Partnerinnen und Partner in der Kanzlei unterschiedliche Strategien, sollte man also zunächst eine solche Kanzleistrategie entwickeln oder konkret herausarbeiten.

▶ **Gut zu wissen** Nur mit dem Wissen darum, wer Sie sind, was Sie können und wem Sie das anbieten wollen ist es möglich, effizient Marketing im Netz zu betreiben und passende Mandate zu akquirieren. Nur wenn Sie das wissen können Sie herausfinden, über welche Marketingkanäle Sie Ihr Angebot und Ihre Stärken effizient kommunizieren können. Nur wenn Sie eine Strategie haben und Ihre Zielgruppe kennen, können Marketingprofis Sie effizient unterstützen.

Existiert bisher keine (klare) Kanzleistrategie oder besteht in der Kanzlei Uneinigkeit darüber, ist es deshalb sinnvoll, externe professionelle Beratung ins Haus zu holen. Denn wie es Unternehmensberater gibt, gibt es auch Kanzleiberater, die helfen, Stärken, Beratungsangebot und Zielgruppen herauszuarbeiten. Das Ergebnis einer solchen Beratung ist dann nicht nur die Basis für die optimale Ausrichtung der Kanzlei, sondern auch für professionelle, effiziente Marketingarbeit.

P. Löffler, *Kanzleimarketing online*, essentials,
https://doi.org/10.1007/978-3-658-42225-7_1

► **Gut zu wissen** Im Onlinemarketing ist nichts in Stein gemeißelt. Wächst die Kanzlei, verkleinert sie sich oder setzen Sie einen neuen Schwerpunkt, können Sie im Onlinemarketing schnell und flexibel reagieren. Das sollten Sie sich immer vor Augen halten, denn das erleichtert Ihnen unter Umständen, Entscheidungen zu treffen.

Die Website – der Dreh- und Angelpunkt für das Online-Kanzleimarketing

2

Ich sage selten „man muss". Aber: Als Kanzlei muss man im Jahr 2022 eine Kanzleiwebsite haben – Punkt. Sie muss nicht groß sein, sie muss nicht aufwendig sein. Aber es muss eine Onlinepräsenz vorhanden sein, auf die Ratsuchende im Netz zugreifen können.

Denn unabhängig davon, wie Ratsuchende auf eine Kanzlei oder auf einen Rechtsanwalt bzw. eine Rechtsanwältin aufmerksam werden – Empfehlung, Visitenkarte, Kanzleischild oder online: sie informieren sich zusätzlich im Internet bzw. wollen sich einen persönlichen Eindruck verschaffen. Finden diese Personen nicht wenigstens eine kleine Online-Präsenz, hinterlässt das einen unprofessionellen Eindruck, der kaum wieder wettzumachen ist.

Das gilt für die Mandatsakquise wie für die Personalakquise! Ohne professionelle Kanzleiwebsite haben Sie im „War for Talents" keine Chance, gute neue Mitarbeitende zu finden. – in allen Qualifikationsstufen!

► **Gut zu wissen** Exakt das haben wir in der Agentur erlebt: Eine Steuerberaterin hatte eine extrem veraltete Website und war in Personalnot. Auf ihre Stellenanzeigen gab es keine Bewerbungen. Also erstellten wir in der Agentur eine kleine neue, moderne Website. Vier Wochen nach dem Livegang (Relaunch) der neuen Website waren die Stellen besetzt. Sicherlich kein Zufall.

2.1 Wie kommt man zu einer Kanzleiwebsite?

Wer eine Website neu erstellen oder eine veraltete Website erneuern lassen will, steht oft vor der Frage: Wie genau kommt man zu einer (neuen) Website?

© Der/die Autor(en), exklusiv lizenziert an Springer Fachmedien Wiesbaden GmbH, ein Teil von Springer Nature 2023
P. Löffler, *Kanzleimarketing online*, essentials,
https://doi.org/10.1007/978-3-658-42225-7_2

Folgende Möglichkeiten bieten sich:

1. **Selbst programmieren:** Wer WordPress, Joomla, Typo3 etc. beherrscht – und Zeit für und Lust auf so ein Projekt hat –, kann sich selbst an die Arbeit machen und eine Website programmieren.
2. **„Website-Baukasten":** Spezialisierte Unternehmen wie beispielsweise jimdo oder Wix oder diverse Internet-Service-Anbieter (United Domains etc.) bieten Website-Baukästen an. Man erhält für verhältnismäßig wenig Geld die Möglichkeit, sich aus vorgefertigten, gestaltbaren Elementen und selbst zu verfassenden Texte eine mehr oder minder individuelle Website zusammenzustellen. Das ist vor allem für eine Kanzleigründung beim Berufseinstieg eine sinnvolle Möglichkeit: der Service kostet wenig. Was man allerdings braucht, sind Zeit und Geduld.
3. **Individuelle Programmierung:** Eine professionelle Webagentur erstellt eine Website exakt nach individuellen Vorstellungen und Bedürfnissen. Dazu gibt es Beratung zur Strukturierung der Website und „Usability", zu angemessener Bildsprache, Suchmaschinenoptimierung etc. Das hat natürlich seinen Preis, vor allem, wenn Texte mit angeboten werden

▶ **Gut zu wissen** Wichtig ist in allen Fällen, dass Sie selbst bzw. Mitarbeitende die Website mit ein bisschen Übung und nach einer kurzen Einführung selbst verwalten können – also Texte aktualisieren, Bilder austauschen etc. Sie sind dann nicht immer auf eine Agentur angewiesen und haben bestenfalls keine monatlichen Fixkosten.

Wer Wert auf Individualität legt, sollte sich eine Website von Fachleuten konzipieren und programmieren lassen. Die Investition in eine professionell programmierte Website lohnt sich. Immerhin ist die Website das Ziel *aller* Marketingmaßnahmen – online wie offline – und sollte als Dreh- und Angelpunkt des gesamten Marketings perfekt zur Kanzlei „passen".

▶ **Gut zu wissen** Eine Webagentur sollte bestenfalls Erfahrung mit Kanzleien haben. Das kann helfen, eine wirklich passende Website für Ihre individuellen Bedürfnisse zu entwickeln, z. B. im Hinblick auf Text- und Bildsprache, technische Ausstattung und Umfang etc.

2.2   Arten von Websites

Geht es um das Thema Website, gilt es, relativ früh eine Entscheidung zu treffen: reicht eine (sehr) kleine Website oder soll es eine umfangreiche Webpräsenz werden?

Grundsätzlich gibt es unterschiedliche Website-Typen, die sich für unterschiedliche Zwecke eignen und die unterschiedliche Vor- und Nachteile haben.

2.2.1   Onepager

Der Onepager ist eine Internetseite, die im Wesentlichen nur aus einer „Seite" mit Inhalten besteht, ergänzt um Unterseiten für Impressum und Datenschutzerklärung. Klickt man die Hauptnavigation eines Onepagers an, „springt" man auf die unterschiedlichen Abschnitte dieser einen Seite, nicht auf andere Unterseiten. Beispiel: www.anwaltstexte.com.

Die Vorteile von Onepagern liegen auf der Hand. Sie sind

- schnell realisierbar,
- relativ günstig im Vergleich zu umfangreicheren Websites (weniger Programmier- und Textaufwand) und
- jederzeit erweiterbar.

Einen Nachteil haben diese kleinen Websites allerdings auch: sie sind in aller Regel nicht für Suchmaschinenoptimierung geeignet, weil sie meist nur mit wenig Inhalt bestückt sind und nur wenige URLS[1] haben.

Aber wann ist diese reduzierte Website-Version die richtige Wahl? Ein Onepager macht in unterschiedlichen Situationen Sinn, z. B. wenn

- es mit einer Onlinepräsenz schnell gehen muss, z. B. bei einer kurzfristigen Ausgründung
- das Geld in einer Gründungssituation knapp ist
- Suchmaschinenoptimierung (SEO) nicht relevant ist

---

[1] URL = eine Adresse, die eine Datei auf einem Server angibt. Bekannter sind die sprachgebräuchlichen Begriffe „Internetadresse" oder „Webadresse". Genau genommen hat jede Seite bzw. Unterseite einer Website eine eigene URL, z. B. www.anwalts.marketing/wir/, www.anwalts.marketing/datenschutz usw. sind jeweils eigene URLs.

- eine effiziente Zielseite/Landingpage[2] für Suchmaschinenwerbung (SEA) benötigt wird.

2.2.2 Website mit Unterseiten

Anders funktionieren Websites mit Unterseiten. Hier finden sich neben der Startseite weitere (Unter-) Seiten, auf denen z. B. Rechtsbereiche, Leistungen, Profile der Rechtsanwältinnen und Rechtsanwälte, ein Blog oder Downloads abgebildet werden. Diese Form der Website ist eigentlich die klassische Form für eine Kanzleiwebsite.

Die Vorteile dieser Websites mit Unterseiten liegen ebenfalls auf der Hand. Sie bieten

- viel Platz, um Rechtsbereiche/Rechtsthemen detailliert darzustellen
- viel Platz, um das Kanzleiteam vorzustellen
- Möglichkeiten zur Suchmaschinenoptimierung (Blog, Downloads etc.)
- Möglichkeiten, Schnittstellen zu Onlineakten, Termintools etc. zu integrieren

Aus diesen Gründen sind Websites mit Unterseiten besser geeignet, v. a. Kanzleien mit einem größeren Team und mehreren Fachbereichen vorzustellen, weil sie allein aufgrund des Websiteumfangs ein vollständigeres Bild von der Kanzlei zeichnen.

Zwei wesentliche Nachteile haben diese Websites gegenüber Onepagern allerdings auch: die Kosten für eine solche Website sind deutlich höher und die Umsetzung dauert in der Regel deutlich länger, weil der Aufwand für die Realisierung der Website deutlich höher ist.

▶ **Gut zu wissen** Onepager wie auch Websites mit Unterseiten lassen sich sowohl für ein fachbereichsübergreifendes Beratungsangebot einsetzen als auch für spezifische Beratungsthemen (Scheidung, Unfallregulierung etc.). Wer effizient SEO betreiben will, sollte grundsätzlich auf eine Website mit Unterseiten setzen, um Platz für

[2] „Bei Landing Pages (Ankunftsseiten/Lande-Seiten) handelt es sich im Prinzip um jede Webseite, auf die der Nutzer durch einen Klick auf ein Werbemittel, wie zum Beispiel ein Banner oder über durch in Suchmaschinen gefundene Links gelangt." https://onlinemarket ing.de/lexikon/definition-landing-page (abgerufen 01.08.22) – eine Landingpage kann damit ein Onepager sein, aber auch eine Zielseite innerhalb einer größeren Website-Struktur zu einem bestimmten Thema.

die notwendigen Inhalte zu haben. Onepager können allerdings in kleinen Städten mit wenig Wettbewerbern auch gut funktionieren, vgl. www.kanzlei-schoenpflug.de, u. a. für Arbeitsrecht.

2.3   Websitegestaltung

Der optische Standard im Netz ist hoch. Jedes kleine Unternehmen hat heutzutage eine mehr oder minder professionelle Website und einen Instagram-Account, der etwas hermacht. Damit liegt die Messlatte im Hinblick auf Websitegestaltung auch für Kanzleien relativ hoch. Allein aus diesem Grund ist die Investition in eine professionelle Website sinnvoll.

Dazu eine kleine Anekdote: Während ich an diesem Kapitel arbeitete, erhielt ich einen Anruf einer Kollegin aus den USA, die eine Website für den deutschen Markt erstellen lassen wollte. Sie sagte:

„Ich habe den Eindruck, dass es besser ist sich an eine Agentur zu wenden, die Anwälte und den Rechtsberatungsmarkt versteht. Normale Marketingagenturen können das nicht so umsetzen, dass es zu uns und unseren Mandanten passt".

Das lasse ich gerne so stehen. Aber was macht gute, hochwertige Websitegestaltung aus?

2.3.1   Übersichtlichkeit

Vor allem Websites mit (vielen) Unterseiten müssen übersichtlich gestaltet sein, damit sich Websitebesucherinnen und -besucher auf den ersten Blick orientieren können. Wer eine Website besucht, muss in wenigen Sekunden erkennen können, ob das Beratungsangebot zum eigenen Beratungsbedarf passt. Sonst springt die Person ab, ohne Kontakt aufzunehmen.

Deswegen ist es wichtig, dass

- die Struktur der Hauptnavigation – z. B. mit Punkten wie „Start", „Team" etc. – möglichst einfach und übersichtlich gestaltet ist. Mehr als sieben Punkte in der Hauptnavigation sollten es nicht sein.

- die Startseite alle wichtigen Punkte der Hauptnavigation mit eigenen Abschnitten abbildet. Das ist vor allem für die *mobile* Ansicht der Website wichtig, da so alle wichtigen Aspekte auf ein „Drüberwischen" sichtbar sind.

2.3.2 Farben

Welche Farbe(n) eine Website hat, prägt den ersten Eindruck entscheidend. Deswegen ist die Wahl der Farbe(n) für die Website enorm wichtig.

Grundsätzlich ist es wichtig und sinnvoll, eine vorhandene „Kanzleifarbe" (z. B. Logo-Farbe) auf der Kanzleiwebsite aufzugreifen und damit einen einheitlichen Look des Außenauftritts zu gestalten. Ist diese Farbe sehr intensiv (z. B. Feuerwehrrot, Orange etc.) sollte man diese Farbe unter Umständen nur als Akzent zu nutzen, neutralere Farben hinzuzunehmen und mit viel Weißflächen arbeiten, damit die Website optisch nicht zu extrem ausfällt.

▶   **Gut zu wissen** Starten Sie vollständig neu mit einer Kanzlei, sollte
     man sich Dinge wie Logo, Website-Layout, Visitenkarten, Broschüren, Briefpapier etc. am besten aus einer Hand gestalten lassen. Ist ein Logo etc. vorhanden, sollte man die Website daran orientieren.

Und wie sieht es mit „klassischen" Kanzleifarben aus? Grundsätzlich sind vor allem mittleres oder dunkles Blau als Logo- und Kanzleifarbe in der Rechtsberatung beliebt und das nicht ohne Grund: Blau ist grundsätzlich eine gute Kanzleifarbe, denn Blau steht für Klarheit, Seriosität und Ordnung. Allerdings werden diese Blautöne von Kanzleien etwas inflationär benutzt.

Wer sich etwas aus dem „Einheitsblau" abheben will, sollte Blau deshalb weniger klassisch nutzen (Türkis, Hellblau, Kobaltblau), den klassischen Farbton mit einem frischen Farbton kombinieren oder auf andere Farben ausweichen[3].

▶   **Gut zu wissen** Für die Website und das Logo von Kanzlei Pia Löffler
     habe ich bewusst sehr ungewöhnliche, bunte Farben gewählt: Feuerwehrrot, ein mittleres Pink und Aubergine – passend für meine kreative Zielgruppe im Urheberrecht.

---

[3] Hier finden Sie einen vielgeklickten Blogbeitrag der Farbberaterin Tine Kocourek zur Kanzleifarbe Blau: https://www.kanzleimarketing.de/die-bedeutung-der-farbe-blau-in-marketing-und-design/; hier finden Sie auch Beiträge zu den Farben Gelb, Rot und Violett.

2.3.3   Fotos

Fotos prägen neben Farben schnell und stark den ersten Eindruck von einer Website. Es ist also sinnvoll, hier Zeit und Geld in Fotos zu investieren
Porträts sind die wichtigsten Bilder für eine Kanzleiwebsite und das gesamte Marketing. Sie kommunizieren Persönlichkeit und sorgen für Vertrauen – oder eben nicht. Gute Businessporträts entscheiden so m. E. über den Erfolg einer Website. Die Kosten dafür sind aus meiner Sicht relativ. Denn Porträts sind auch als Pressebilder oder Profilfotos für Social Media und Suchdienst-Profile einsetzbar und für rund 5 Jahre.
    Auch bei **anderen Fotos** (Themenbilder für Rechtsgebiete etc.) ist Qualität essenziell. Genauso wichtig ist, dass die Bilder der jeweiligen Zielgruppe bzw. den Zielgruppen zusagen. Fotos z. B. für Unterseiten der Kanzleiwebsite findet man mit Geduld und etwas Übung und für (relativ) wenig Geld bei Online-Fotoportalen wie z. B. Adobe Stock. Nicht so günstig sind individuell vom Fotografen angefertigte Fotos, z. B. von Details in der Kanzlei. Diese Fotos haben allerdings im Vergleich zu Stock-Fotos einen Vorteil: sie vermitteln bereits im Internet einen unmittelbaren persönlichen Eindruck. Das schafft Vertrauen!

2.3.4   Texte

Texte werden auf Kanzleiwebsites häufig sträflich vernachlässigt. Entweder werden sie in unglaublichen Mengen in eine Website hineingepresst und sind dabei häufig für Laien kaum verständlich. Alternativ finden sich quasi keine Texte auf der Kanzleiwebsite, weil sich niemand in der Kanzlei gefunden hat, der die Texte für die Website schreiben will. Nicht zuletzt liefern – nicht selten! – Webagenturen ohne juristische Kenntnisse Texte, die teilweise im Hinblick auf Sprache und Inhalt mehr als grenzwertig sind.
    Alle drei Varianten sind schlecht für eine Kanzleiwebsite, denn Websitetexte sollen informieren und überzeugen – Ratsuchenden und ggf. Google. Auch hier zählt also Qualität.
    Texte zu selbst zu schreiben, liegt dann natürlich nahe. Anwälte und Anwältinnen sollten dabei aber bedenken, dass sie zwar gewohnt sind, sich schriftlich auszudrücken, allerdings nicht im Marketingkontext. Denn im beruflichen Kontext nutzt unsere Berufsgruppe einen sehr typischen Sprachstil, der in der *Fach*kommunikation sehr effizient und angebracht ist. Dieser „Juristensprech" ist allerdings in der Kommunikation mit ratsuchenden Laien nicht hilfreich.

Für Menschen ohne juristischen Background und auch für Google ist „unsere"
Sprache schwer verständlich.

▶ **Gut zu wissen** Google bewertet Texte positiv, die ein Mensch
   ohne Vorwissen gut versteht. Suchmaschinenoptimierung in Texten
   bedeutet also nicht, „für Google" zu schreiben, sondern einen gut
   verständlichen, informativen Text für Laien[4]!

Aber was zeichnet gute Texte für eine Kanzleiwebsite aus?

- **Optische und inhaltliche Struktur.** Mit Abschnitten und Zwischenüberschriften können Ratsuchende die Inhalte am Bildschirm besser erfassen. Und eine
  gute Textstruktur unterstützt auch die Suchmaschinenoptimierung.
- **Passender Sprachstil:** Ist der Umgangston in der Kanzlei eher förmlich, dürfen auch die Websitetexte förmlich klingen. Ist der Ton der Kanzlei er locker,
  darf man auch das schon in den Websitetexten spüren.
- **Richtiger Ton für die Zielgruppe:** Je nach Zielgruppe dürfen Websitetexte unterschiedlich klingen – für kreative Mandantinnen und Mandanten
  beispielsweise anders als für Ratsuchende im Steuerstrafrecht.
- **Leicht lesbare Sprache:** Texte im Internet sollte leicht lesbar sein, ohne dass
  der Text Gefahr läuft „platt"[5] zu wirken. Folgende Punkte tragen dazu bei:
  - Verzicht auf Fachtermini und ggf. auch auf Paragrafen(reihen)
  - Einfache Satzstrukturen: kurze Sätze, wenig Relativsätze
  - Aktive Sprache, keine Passivkonstruktionen
  - Verzicht auf Substantivierungen.

▶ **Gut zu wissen** Sich direkt an all diese Regeln zu halten, fällt nicht
   leicht. Schreiben Sie also einen Text erst einmal so, wie er Ihnen
   aus der Feder fließt. In einer Überarbeitung wenden Sie dann die
   vorstehenden Regeln an. Falls Ihnen das zu mühsam und zeitintensiv
   ist: lassen Sie Profis Ihre Websitetexte schreiben – Porträts machen
   Sie ja auch nicht selbst mit dem Smartphone.

---

[4] Informationen zu diesem Thema und andere informative Beiträge finden Sie unter
www.seotorik.de.

[5] Mein Hinweis kommt hier nicht von ungefähr: Schreibe ich suchmaschinenoptimierte
Texte, lautet das Feedback aus Kanzleien hin und wieder, dass der Text „platt" und „verkürzt"
ist. Eine leicht verständliche Sprache wirkt in der Tat manchmal so. Aber ein Text für Laien
muss nicht jedes juristische Detail enthalten und nicht beweisen, dass Sie in der Lage sind,
Sätze im Stile von Caesar zu verfassen. Haben Sie keine Angst, einfach und auf den Punkt
zu formulieren.

2.4 Zusammenfassung Website

Die Kanzleiwebsite ist Dreh- und Angelpunkt Ihres gesamten Marketings. Entsprechend sollten Sie großen Wert darauf legen, dass Ihre Website optimal aufgestellt ist. Das betrifft die Struktur bzw. Usability, das betrifft aber auch die Farb- und Bildsprache und nicht zuletzt die Textgestaltung.

Erst wenn Ihre Kanzleiwebsite überzeugend und zu Ihnen passend online ist, sollten Sie mit anderen Akquise-Maßnahmen beginnen – ob Mandats- oder Personalakquise.

Andernfalls riskieren Sie, dass Suchmaschinenwerbung und Suchmaschinenoptimierung, Profile bei Anwaltssuchdiensten und auch Social-Media-Aktivitäten ins Leere laufen.

Checkbox Website
Achten Sie bei der Planung und Realisierung auf folgende Punkte:

- einfache, übersichtliche Websitestruktur: maximal 7 Punkte in der Hauptnavigation
- angemessene, hochwertige Bildsprache – Porträts und sonstige Bilder
- passende Farbwahl für das Beratungsthema der Kanzlei
- für juristische Laien und Google sinnvolle Textgestaltung: Absätze, Zwischenüberschriften, leicht lesbare Sprache

Suchmaschinenmarketing 3

Ist eine Kanzleiwebsite überzeugend gestaltet, geht es daran, diese Website im Internet sichtbar zu machen. Das funktioniert mit dem sogenannten Suchmaschinenmarketing (Search Engine Marketing = SEM). Dabei setzt sich das Suchmaschinenmarketing aus zwei Bereichen zusammen: Suchmaschinenoptimierung (Search Engine Optimization = SEO) und der Suchmaschinenwerbung (Search Engine Advertising = SEA).

▶ **Gut zu wissen** Die relevanteste Suchmaschine für diese beiden Bereiche ist – Sie werden es ahnen – Google. Geht es um SEM, geht es faktisch um Google-Marketing[1]. „Im Desktop-Suchmaschinen-Markt weltweit war Google mit einem Anteil von 80 % an den Suchanfragen im Januar 2022 Marktführer. Mit großem Abstand folgte die Suchmaschine Bing mit einem Marktanteil von 10,3 %. Auch im mobilen Suchmaschinen-Markt lag Google mit einem Marktanteil von 87,59 % vorn".[2]

---

[1] Das Nachstehende gilt aber in dieser Form grundsätzlich auch für andere Suchmaschinen, d. h., vor allem auch für Bing.

[2] https://de.statista.com/statistik/daten/studie/222849/umfrage/marktanteile-der-suchmaschinen-weltweit/#:~:text=Im%20Desktop%2DSuchmaschinen%2DMarkt%20weltweit, von%2087%2C59%20Prozent%20vorn.; 04.08.2022 abgerufen.

© Der/die Autor(en), exklusiv lizenziert an Springer Fachmedien Wiesbaden GmbH, ein Teil von Springer Nature 2023
P. Löffler, *Kanzleimarketing online*, essentials,
https://doi.org/10.1007/978-3-658-42225-7_3

3.1   SEM: ein Muss?

Nicht jede Kanzlei *muss* SEM betreiben. Denn es gibt durchaus Situationen und Konstellationen, in denen Suchmaschinenmarketing für eine Kanzlei nicht sinnvoll ist. Vor allem in zwei Situationen ist SEM aus meiner Sicht wenig effektiv:

- Eine Kanzlei ist ein **„alteingessener Platzhirsch"**, z. B. in einer kleinen oder kleineren Stadt. Hier geht man ohnehin zu dieser Kanzlei, vor allem im Privatmandatsbereich. Hier sind Netzwerke, Veranstaltungen und Empfehlungen nach wie vor perfekte Vertriebskanäle. Für solche Kanzleien kann es sinnvoll sein, auf SEM zu verzichten und Energie und Geld in andere Werbemaßnahmen zu stecken.
- Die Kanzlei berät **ausschließlich im B2B-Bereich** und ggf. nur zu einem speziellen Thema (M&A in Italien beispielsweise). Kanzleien in diesem Umfeld werden praktisch nicht bei Google gesucht – SEO und SEA laufen mehr oder weniger ins Leere. Kaum ein Unternehmen sucht externe Beratung z. B. für Compliance oder Kartellrecht über eine Google-Suchen wie etwa „Anwalt Compliance". Akquise funktioniert hier eher über Empfehlungen, Netzwerken unter Kolleginnen und Kollegen, im Bekanntenkreis, über soziale Netzwerke (z. B. in Social Ads) oder als klassische Werbung in den passenden Medien.

Aber wann ist SEM für eine Kanzlei relevant?

Grundsätzlich ist SEM vor allem für Kanzleien relevant, die im Privatmandatsbereich aktiv sind. Dann wiederum sind SEO und SEA vor allem relevant, wenn eine Kanzlei

- das Mandatsaufkommen erhöhen will/muss
- neu auf den Markt kommt (Gründung, Ausgründung etc.)
- neue Beratungsbereiche etablieren oder bestehende gezielt besser auslasten will
- bestimmte Fälle akquirieren will, um z. B. die Fachanwaltsliste eines Kollegen bzw. einer Kollegin zu komplettieren.

3.2 Suchmaschinenoptimierung/SEO

Suchmaschinenoptimierung fasst alle Methoden zusammen, die dazu beitragen, dass eine Website eine bessere Sichtbarkeit bei bestimmten Suchanfragen in den organischen Trefferlisten von Suchmaschinen (SERPs) erreicht – außerhalb der bezahlten Anzeigenplätze (siehe Abb. 3.1).

Bevor es um Details der Suchmaschinenoptimierung gehen soll, sind jedoch drei Dinge klarzustellen:

1. SEO wirkt in der Regel nicht kurzfristig, da sich ein solides Suchmaschinen-ranking erst **über Wochen oder sogar Monate** aufbaut, vor allem bei neuen Internetseiten und/oder neuen Domains

   ▶ **Gut zu wissen** Suchmaschinenwerbung wirkt hingegen sehr kurz-fristig und kann quasi nach Bedarf an- und abgeschaltet werden.

Abb. 3.1 Die Treffer für eine spezifische Suchanfrage werden aufgrund der Relevanz für die Suchanfrage in der Trefferliste (SERP, kurz für: Search Engine Result Page) sortiert angezeigt

Bei einer akuten Mandats-Flaute löst SEA das Problem besser als SEO.[3]

2. **SEO ist kein einmaliges Projekt** für ein paar Tage oder Wochen, es ist ein fortlaufender Prozess. Denn die Anforderungen/Algorithmen der Suchmaschinen verändern sich fortlaufend. Daran muss sich eine Kanzleiwebsite immer wieder anpassen, um ein gutes Ranking nicht nur aufzubauen, sondern auch zu halten.

   ▶ **Gut zu wissen** Google hält sich sehr bedeckt, was an seinem Algorithmus geändert wird oder wurde. SEO ist deshalb in gewisser Weise Trial & Error, auch wenn es eine eigentlich sehr einfache Grundregel gibt: eine technisch gute und informative, in sich schlüssige Website ist eine sehr gute Basis für erfolgreiches SEO.

3. Last but not least: Das **Wettbewerbsumfeld** im Internet hat enorme Auswirkungen darauf, wie erfolgversprechend und aufwendig SEO für eine Kanzleiwebsite ist. Die Optimierung einer Kanzleiwebsite auf die exakt gleichen Begriffe ist in einer Großstadt sehr viel aufwändiger als in einer Kleinstadt. Denn der Wettbewerb um die wenigen guten Rankingpositionen („Seite 1 bei Google") ist in Großstädten deutlich größer. In einer Kleinstadt kann ein SEO-Projekt aber gelingen, dessen Erfolg in einer Großstadt unsicher ist und/oder enorme Kosten verursachen würde.

   ▶ **Gut zu wissen** Seriöse SEO-Beratung klärt Sie auf, ob ein Projekt im Hinblick auf die Kosten-Nutzen-Relation sinnvoll ist. Denn auch hier ist nicht alles sinnvoll, was möglich ist.

Nun zu den Methoden der Suchmaschinenoptimierung: Onpage-SEO und Offpage-SEO.

---

[3] An dieser Stelle konnte ich beobachten, dass die Corona-Pandemie SEA an die Grenzen brachte. Unter anderem im Verkehrsrecht gab es im Lockdown Anfang 2020 kaum noch Suchanfragen bei Google zu einschlägigen Begriffen.

3.2.1 Onpage-SEO

Unter Onpage-SEO fasst man alle SEO-Maßnahmen zusammen, die auf der eigenen Website stattfinden, um die Website möglichst gut in den Trefferlisten von Suchmaschinenanfragen zu platzieren.

Die wichtigsten Bereiche des Onpage-SEO sind die technische Ausstattung der Website, eine optimale Websitestruktur und optimal aufbereitete Website-Inhalte[4].

3.2.1.1 (Technische) Ausstattung

Bevor man Zeit und Geld in andere SEO-Maßnahmen investiert, sollte man die eigene (bestehende) Website checken bzw. eine neue Website gleich mit Blick auf diesen Aspekt erstellen (lassen). Denn ist eine Kanzleiwebsite nicht optimal technisch aufgestellt, kann das andere SEO-Bemühungen torpedieren. Hauptfaktoren für eine gute technische Ausstattung einer Website sind:

SSL-Verschlüsselung: Sie ist vorhanden, wenn beim Aufrufen einer Website hinter dem http im Browserfenster ein „s" (https://www.) zu sehen ist oder ein kleines Vorhängeschloss vor dem www. angezeigt wird.

Responsive Design: Eine Website im Reponsive Design passt das Layout automatisch an das Ausgabeformat (Desktop-PC, Smartphone etc.) an. Seit 2017 analysiert und bewertet Google für die Ermittlung einer Rankingposition zuerst die mobile Version („mobile first"). *Echtes* Responsive Design ist also für SEO ein Muss.

Ladezeit: Eine schnell ladende Website sorgt für ein besseres Nutzungserlebnis und wird von Google positiv gewertet. Dabei spielt z. B. die Komprimierung von Bildern eine Rolle. Videos sollte man in der Website nur verlinken, nicht einbinden.

Website-Struktur: Die Website sollte eine einfache, übersichtliche Struktur und optimale Nutzungsführung haben (sog. Usability). So können Websitebesucherinnen und –besucher und Google die Seite schnell „lesen", erfassen und bewerten, wie relevant diese Seite für ihre jeweilige Suchanfrage ist.

Eine gute Websitestruktur zeichnet sich u. a. durch folgende Punkte aus:

- übersichtliche Hauptnavigation (max. sieben Menü-Punkte)
- flache Struktur insgesamt, nicht zu viele Unterseiten unter Unterseiten dazu
- sinnvolle interne Struktur von Links
- logische Informationsarchitektur und Integration einer maschinenlesbaren Sitemap

---

[4] Es gibt enorm viele SEO-Rankingfaktoren. Wir beschränken uns hier auf die Wichtigsten, die auch für technische Laien noch gut nachvollziehbar sind.

3.2.1.2 Website-Inhalte bzw. Content

Gut aufbereitete Inhalte sind ein weiterer sehr wichtiger Aspekt für erfolgreiches SEO. Denn ohne gute Inhalte hat die Seite keine Relevanz für Ratsuchende und (damit) auch nicht für Google.

Deshalb muss eine SEO-optimierte Website informativ und gut lesbar sein und bestenfalls unterschiedliche Medien anbieten. Es geht also im Hinblick auf die inhaltliche Ausstattung einer Website im Kern um zwei wesentliche Faktoren: Texte und Medieninhalte.

Gute, nicht zu knappe **Texte** auf Ihrer Website sind die Basis für erfolgreiches Onpage-SEO. Folgende Faktoren zeichnen einen guten SEO-Text aus:

- **Der Text ist ausreichend lang.** 500 Wörter je Unterseite (z. B. Unterseite, Blogbeitrag) sind eine gute Länge für einen Text. Darunter ist es für Google etwas kurz und oft zu knapp, um ein Thema inhaltlich rund abzubilden. Deutlich mehr als 500 Wörter sind für Leserinnen und Leser am Bildschirm gefühlt oft zu lang.
- Ein Text sollte ein **Thema behandeln bzw. sich um Haupt-Keyword** drehen. Das kann auf einer Rechtsgebietsunterseite zum Mietrecht z. B. schlicht „Mietrecht" sein, in einem Blogbeitrag aber auch ein Teilaspekt, z. B. „Eigenbedarfskündigung". Zu oft sollte das Fokus-Keyword im Text aber auch nicht vorkommen. Mit etwas unter 2 % Keyword-Dichte im Text kann man wenig falsch machen. Dann sind Texte nicht auffallend optimiert und werden von Google positiv gewertet.
- **Überschriften und Zwischenüberschriften** machen Texte für Menschen und Google leichter verständlich. In Zwischenüberschriften sollten sich auch Keywords finden und Zwischenüberschriften sollten technisch als solche (sog. H1, H2, H3 etc.[5]) ausgezeichnet sein.

▶   **Gut zu wissen**   Haben Sie weder Lust noch Zeit SEO-Texte zu schreiben, engagieren Sie einen Texter bzw. eine Texterin, der bzw. die sich mit Suchmaschinenoptimierung auskennt und über juristische Fachkenntnisse verfügt. Eine durchschnittliche Web- oder Textagentur ist m. E. kaum in der Lage, juristisch korrekte SEO-optimierte Texte zu verfassen, die auch Menschen ansprechen.

---

[5] H steht für „Headline". Der Text einer Seite einer Website gliedert sich in eine bestenfalls nur einmalige H1 (Hauptüberschrift) und im folgenden Text H2, H3 etc. Diese Gliederung der Abschnitte nach Bedeutung können Suchmaschinen sehr schnell lesen und damit die Inhalte schnell grob erfassen.

Außerdem sind **Medieninhalte** ein wesentlicher SEO-Faktor. Medieninhalte machen eine Website aus Suchmaschinensicht für Menschen – und damit für Suchmaschinen – interessant. Allein die Tatsache, dass z. B. Fotos vorhanden sind, wertet Google positiv. Das gleiche gilt für Download-Dokumente oder Videos[6] etc. Der Grund dafür aus Google-Sicht: Diese Medien auf einer Website „verleiten" Websitebesucherinnen und -besucher zur Interaktion mit der Website. Interaktion „bemerkt" Google und berücksichtigt sie positiv als Rankingfaktor, da Interaktion für Google ein Zeichen dafür ist, dass die Website bei Suchenden Relevanz hat.

3.2.2 Offpage-SEO

Anders als Onpage-SEO funktioniert Offpage-SEO. Dieser Begriff fasst die Methoden zusammen, die außerhalb der eigenen Website im Internet positiv auf das Ranking einer Website einwirken. Die beiden wichtigsten Methoden im Offpage-SEO sind das Linkbuilding und das Linkbaiting.

3.2.2.1 Linkbuilding
Linkbuilding ist der gezielte Einsatz von Links auf Websites Dritter, die auf die eigene Website verweisen (sog. Backlinks).

▶ **Gut zu wissen** Nicht jeder Link hat SEO-Auswirkungen. Nur Do-Follow-Links haben SEO-Relevanz, No-Follow-Links nicht.

Anders als noch vor rund zehn Jahren kommt es inzwischen nicht mehr allein auf die Zahl der Backlinks an, sondern in erster Linie auf deren Qualität. Das macht Linkbuilding zu einem recht aufwendigen Unterfangen.

Aber was ist ein qualitativ hochwertiger Backlink? Dafür gibt es einige Faktoren:

• Zwischen der verlinkenden Seite und der eigenen Website besteht ein **inhaltlicher Zusammenhang.**
   Beispiel: Ein Link aus der Website eines Musikmagazins ist für eine Kanzlei für Musikrecht mehr wert als ein Link aus einem Online-Auto-Magazin.

---

[6] Bei Videos schätzt Google vor allem Links auf YouTube, da YouTube auch zum Google-Konzern gehört.

Wer gute Links platzieren will, muss im Vorfeld der Verlinkung prüfen, ob das Linkumfeld zu den Inhalten der eigenen Kanzleiwebsite passt.

- Der Text, in den der Link eingebettet ist (sog. **Anchor-Text**), passt thematisch zum verlinkten Inhalt. Ein Link unter einem thematisch passenden Wort als sog. Anchor-Text ist mehr wert als unter einem Wort ohne thematischen Zusammenhang.
  Beispiel: Liegt der Link im vorherigen Beispiel unter dem Wort „Musikrecht", ist das besser, als wenn er unter dem Wort „hier" liegt.
- Die verlinkende Website insgesamt und der Text, in dem sich der Link befindet (sog. **Linkumfeld**), haben eine hohe Suchmaschinenrelevanz für ähnliche Suchbegriffe. Optimal ist also ein Link aus einer Website, die selbst gut rankt.

▶   **Gut zu wissen** Sie können die Qualität eines Linkumfeldes messen, z. B. unter https://majestic.com. Das Tool verrät Ihnen, ob es lohnt, sich um einen Do-Follow-Link auf dieser Website zu bemühen.

Welche Relevanz haben unter diesen Gesichtspunkten inzwischen Verzeichniseinträge wie z. B. Stadtverzeichnisse wie muenchen.de oder Dienstleisterverzeichnisse wie Dienstleisterverzeichnisse für SEO?

Grundsätzlich sind Backlinks aus einem Verzeichnis weniger wert als die aus einem perfekten SEO-Linkumfeld. Und doch hat jeder Do-Follow-Link positive Auswirkungen auf Suchmaschinenoptimierung. Verzeichniseinträge machen also grundsätzlich Sinn. Wichtig ist allerdings, dass diese Einträge in Bezug auf die sog. NAP-Daten („Name, Adress, Phone") überall einheitlich gemacht sind.

3.2.2.2 Linkbaiting

Beim Linkbaiting geht es darum, natürliche Links von anderen Internetnutzerinnen und -nutzern zu generieren. Dafür müssen relevante Inhalte erschaffen werden, die sich dann von selbst im Netz verbreiten, weil die Inhalte eine gewisse Relevanz haben. Links setzen Personen beispielsweise, wenn sie z. B. einen Blogbeitrag auf der Kanzleiwebsite in den sozialen Medien teilen. So entstehen natürliche Linkstrukturen im Internet, die Google signalisieren, dass eine Website Relevanz. Das bewertet Google positiv.

Das zeigt aber auch: Linkbaiting ist eng mit dem Contentmarketing[7] ver-
knüpft. Denn Ausgangspunkt für diese Form der Suchmaschinenoptimierung ist
es, relevante Inhalte (Content) für die Zielgruppe zu erstellen und im Netz zu
platzieren. Das macht Linkbaiting aufwendig, denn Texte, Grafiken, Checklisten,
Videos etc. müssen natürlich intern oder extern produziert werden.

▶   **Gut zu wissen** Content wie Blogbeiträge, Videos und kleine Grafiken
    kann man selbst erstellen, wenn man die Zeit dafür hat. Ab einem
    gewissen Punkt lohnt es sich aber, Profis so etwas erstellen zu lassen.

Und wo und wie platziert man diese Inhalte, damit sie sich im Internet verbreiten?

- In einem eigenen Blog – entweder auf der Kanzleiwebsite oder unter einer
  themenspezifischen Domain zu einem bestimmten Thema
- In anderen Blogs oder auf Themenplattformen
- In den sozialen Medien – je nach Zielgruppe im richtigen Netzwerk

3.2.3   Zusammenfassung SEO

Suchmaschinenoptimierung zu betreiben oder nicht, sollte eine aktive Entscheidung sein. Diese Entscheidung gilt es bestenfalls zu treffen, bevor eine Website
konzipiert und umgesetzt wird. Denn die Antwort auf die Frage „SEO ja oder
nein" hat erheblichen Einfluss auf die Gestaltung und den Umfang einer Website.
  Geht es darum, ob SEO sinnvoll ist oder nicht, kommt es maßgeblich darauf
an, wie das konkrete Wettbewerbsumfeld aussieht und darauf, wieviel Zeit und/
oder Geld Sie bereit sind, in dieses Projekt zu investieren. Ob sich SEO für Sie
lohnen kann und welchen Umfang ein solches Projekt haben müsste – diese Frage
beantwortet Ihnen am besten eine Agentur, die sich auf SEO für Kanzleien spe-
zialisiert hat. Unter Umständen kann das Ergebnis einer solchen Beratung auch
lauten, dass nicht Suchmaschinenoptimierung, sondern Suchmaschinenwerbung
in Ihrem Fall die bessere Lösung ist.

---

[7] „Content-Marketing ist eine Marketing-Technik, die mit informierenden, beratenden und
unterhaltenden Inhalten die Zielgruppe ansprechen soll, um sie vom eigenen Unternehmen
und seinem Leistungsangebot oder einer eigenen Marke zu überzeugen und sie als Kunden
zu gewinnen oder zu halten." https://de.wikipedia.org/wiki/Content-Marketing, abgerufen:
16.08.2022.

Checkbox SEO
Wollen Sie das Thema SEO in Angriff nehmen, achten Sie auf diese Punkte:

- Treffen Sie eine klare Entscheidung, ob Sie SEO betreiben wollen oder nicht.
- Haben Sie sich für SEO entschieden: planen Sie eine neue Website direkt entsprechend.
- SEO benötigt Zeit und ist keine Maßnahme mit sehr schnellen Erfolgen.
- SEO ist ein Dauerprojekt, an dem immer wieder gearbeitet werden muss.
- Die wichtigsten Faktoren für Onpage-SEO sind Texte und die technische Ausstattung der Website.
- Offpage-SEO ist in erster Linie Linkbuilding und Linkbaiting.

3.3   Suchmaschinenwerbung

SEA – kurz für „Search Engine Advertising", also Suchmaschinenwerbung – funktioniert anders als SEO. Hier werden gezielt Werbeanzeigen formuliert und über die Website von Suchmaschinen wie z. B. Google an suchende Internetnutzerinnen und -nutzer ausgespielt. Suchmaschinenwerbung ist dabei der Oberbegriff für bezahlte, (textlich) gestaltbare Werbelinks (= „Anzeigen").

Die Anzeigen werden Nutzerinnen und Nutzern an verschiedenen Stellen im Internet angezeigt – mit reinem Textinhalt oder als grafisch gestaltete Anzeigen. Ziel der Anzeigen ist es, Ratsuchende zu einem Klick auf eine Anzeige zu bewegen. Von dort gelangen sie dann auf eine Website[8], die die Werbung aufgreift, weiter informiert und zur Kontaktaufnahme animiert.

▶   **Gut zu wissen** Auch hier geht de facto in erster Linie um Anzeigen bei Google. Natürlich ist es auch möglich, z. B. auf Bing Anzeigen zu schalten, da hier schlichtweg die Konkurrenz deutlich geringer ist. Thematisiert werden hier allerdings nur Anzeigen bei Google, sog. Google Ads (früher: „Google Adwords").

---

[8] Bestenfalls verlinken Anzeigen auf sog. Landingpages, also eine Unterseite einer Kanzleiwebsite oder eine Webpräsenz, die nur für diesen Zweck erstellt wurde.

3.3.1 Anzeigenarten bei Google Ads

Anzeige ist auch bei Google Ads nicht gleich Anzeige. Es gibt zwei Arten von SEA-Anzeigen[9], die unterschiedlich funktionieren und unterschiedliche Ziele verfolgen.

• **Anzeigen im Suchnetzwerk:** Die reinen Text-Anzeigen sehen Personen bei Google nur, wenn sie bei Google *aktiv auf der Suche* nach einem bestimmten Begriff sind – deswegen „Suchnetzwerk". Gibt eine Person einen Suchbegriff bei Google ein, wird ihr die Anzeige passend zum eingegebenen Suchbegriff oder Suchphrase angezeigt, wenn sich die Person in der Region befindet, in der die Anzeige ausgespielt werden soll (z. B. begrenzt auf München und München Land). Die Anzeigen erscheinen in Bereichen der Trefferliste, in der sich nur solchen Anzeigen finden, z. B. auf den ersten Plätzen oder am unteren Ende der Trefferliste. Die Anzeigen sind außerdem als solche gekennzeichnet (siehe Abb. 3.2).

Kosten entstehen erst, wenn Nutzer*innen auf die Anzeigen klicken („pay per click").

▶ **Gut zu wissen** Diese Anzeigen eignen sich für die aktive Mandatsakquise. Denn hier sind Ratsuchenden mit einem Rechtsproblem meist schon aktiv auf der Suche nach Rechtsberatung, v. a. wenn die Suche in Kombination mit dem Begriff „Anwalt"/„Rechtsanwalt" erfolgt.[10]

• **Anzeigen im Displaynetzwerk:** Hier handelt es sich um meist grafisch gestaltete Anzeigen, die auf Websites von Dritten eingeblendet werden. Websitebetreiber bieten z. B. Google dafür „Werbeflächen" auf ihren Websites an, auf denen Google dann die Anzeigen ausspielt. Zusammengenommen bilden diese Werbeflächen das sog. „Displaynetzwerk". Wer auf einer solchen Werbefläche eine Anzeige platzieren will, stellt Bild-, Text- oder Videoanzeigen über ein spezielles Google-Tool ein. Google vermittelt die Anzeige auf Anzeigenplätze in einem passenden Werbeumfeld auf Internetseiten im

---

[9] Die unterschiedlichen Arten der Anzeigen werden über das gleiche Tool erstellt, verwaltet und ausgespielt, das sog. Google Ads-Konto, das an sich kostenfrei ist.

[10] Tatsächlich wird in aller Regel der Begriff Rechtsanwalt/Anwalt gegoogelt, nicht Anwältin oder Rechtsanwältin.

Google   Medizinrecht Hamburg   ✕   ◎   🔍

            🔍 Alle   ⊙ Maps   🖾 Bilder   🖾 News   ⊘ Shopping   ⋮ Mehr   Suchfilter

            Ungefähr 564.000 Ergebnisse (0,40 Sekunden)

            Ergebnisse für **Hamburg** · Region auswählen   ⋮

            Gesponsert
            ◎   brocks-recht.de
                https://www.brocks-recht.de › geburtsschaden › anwalt   ⋮
            Brocks Medizinrecht - Anwälte für Geburtsschäden
            Arzthaftung bei Geburtsschäden z.B. bei Sauerstoffmangel, Schulterdystokie, Cerebralparese
            Wer wir sind · Behandlungsfehler · Online-Terminvergabe · Arzthaftung · Geburtsschäden
            📍 Weidestraße 132, Hamburg - Schließt bald · 09:00–18:00 Uhr ▾

            B   BROCKS Medizinrecht
                https://brocks-recht.de   ⋮
            BROCKS Medizinrecht | Rechtsanwälte aus Hamburg
            Die **Rechtsanwälte** unterstützen Geschädigte u.a. im Bereich Arzthaftung,
            Medizinprodukthaftung und **Geburtsschaden** / **Geburtsschäden**.

Abb. 3.2   Eine Google-Ads-Anzeige sollte in der Headline eine klare Ansprache formulieren und das gesuchte Keyword (hier Medizinrecht) enthalten. Details zum Thema (z. B. weitere Keywords zum Thema) sollten sich wie hier in den Textzeilen darunter befinden

Displaynetzwerk (z. B. für Musikrecht bei einem Musikmagazin, für Wirtschaftsrecht auf der Website eines Wirtschaftsmagazins etc.). Auch hier zahlt der Werbekunde je Klick auf die Anzeige. Der Preis je Klick auf eine Anzeige ist allerding deutlich günstiger als im Suchnetzwerk.

▶   **Gut zu wissen** Diese Anzeigen eignen sich u. a., um Online-Markenbildung zu betreiben und die Kanzlei in einer Region oder in einem bestimmten Bereich bekannt(er) zu machen – auch im B2B-Umfeld. Weil Personen beim Surfen im Internet diese Art der Werbung ohne aktive Suche – und damit unfreiwillig! – angezeigt bekommen, gilt es diese Anzeigen vorsichtig dosieren. Nutzerinnen und Nutzer sollen sich nicht von Anzeigen verfolgt fühlen.

Da das Suchnetzwerk für die Mandatsakquise die größere Relevanz für Kanzleien hat, wird es nachfolgend nur um Anzeigen im *Such*netzwerk gehen.

3.3.2 Wie funktioniert Ads im Suchnetzwerk?

Stellt sich nun eine wichtige Frage: Wie genau funktioniert Google Ads? Hier die wichtigsten Schritte:[11]:

- Man **definiert** und hinterlegt im Google-Ads-Konto **Keywords** (=Suchbegriffe), zu denen die Kanzlei gefunden werden will (z. B. „Anwalt Strafrecht München" (= Short Head Keyword) oder „Aufhebungsvertrag Arbeitsvertrag" (= Long Tail Keyword). Damit legt man fest, bei welchen Suchanfragen die Anzeigen später angezeigt werden sollen[12].
- Man **definiert** und hinterlegt im Ads-Konto, in welcher **Region** die Anzeigen ausgespielt werden sollen. Definiert man hier z. B. München Stadt, wird die Anzeige nur dort Ratsuchenden angezeigt.

▶ **Gut zu wissen** Wird eine Anzeige einer Kanzlei für Familienrecht aus Hamburg in München ausgespielt, hat jemand vermutlich einen Fehler gemacht – oder die Ads-Agentur hat wenig Ahnung von Rechtsberatung: Familienrechtsberatung wird in aller Regel regional angeboten.

- Man definiert ein **Werbebudget** in der Regel als Tagesbudget. Die *monatlichen* Kosten sind im Mittel das Tagesbudget × 30 Tage. Ist das Tagesbudget durch Klicks auf die Anzeigen erschöpft, werden die Anzeigen bis zum nächsten Tag nicht mehr angezeigt.
- Optional definiert und hinterlegt man **Preisspanne pro Klick,** also wieviel ein Klick einer ratsuchenden Person auf eine Anzeige kosten darf (z. B. max. 25 € je Klick)[13].
- Man formuliert eine **Anzeige/mehrere Anzeigen,** die zum definierten Keyword passen. Das ist, was Ratsuchende in der Trefferliste sehen. Hier kommt

---

[11] Grundsätzlich können Sie Google Ads mit etwas Übung selbst in der Kanzlei erledigen. In der Regel macht es aber Sinn, erste Kampagnen und Anzeigen von Profis erstellen und schalten zu lassen. Im Anschluss können Sie dann diese Anzeigen selbst verwalten.

[12] Wie man Keywords richtig ermittelt und welche Arten von Keywords, Keyphrases etc. es gibt, erfahren Sie hier: www.anwalts.marketing/keywords_finden

[13] Die Kosten liegen bei umkämpften Begriffen wie „Rechtsanwalt Rechtsgebiet Stadt" nicht selten zwischen 10 und 20 EUR je Klick! Die wesentlichen Faktoren für den Preis eines Klicks sind vielfältig, grob gesagt: u. a. das Anzeigen-Konkurrenzumfeld und die Qualität der Anzeige (sog. Qualitätsfaktor) bestimmen die Kosten je Klick.

es wesentlich darauf an, dass Anzeigentext und Suchintention zusammenpassen.

• Man definiert **Laufzeit und Ausspielungszeiten** (nur unter der Woche z. B. und das für 3 Monate.

Innerhalb der vorgegebenen Zeiten nimmt eine Anzeige dann an einer Art Versteigerung der Anzeigenplätze Teil. Google stellt hierfür verschiedene Gebotsverfahren zur Verfügung. So wird die Nutzung des Tagesbudgets individuell optimiert.

Je nachdem wie hoch das gewählte Tagesbudget und der gewählte maximaler Klickpreis sind und wie groß die Konkurrenz zu einem bestimmten Zeitpunkt ist, wird eine Anzeige dann entweder auf einem guten Anzeigenplatz oder auf einem weniger guten Anzeigenplatz ausgespielt. Ist der Gebotspreis im Vergleich zu den Wettbewerbern zu niedrig, werden Anzeigen unter Umständen auch gar nicht angezeigt. Je höher also der maximal mögliche Klickpreis also ist, umso größer sind die Chancen, dass eine Anzeige überhaupt angezeigt wird und das auf einem möglichst guten Anzeigenplatz.

▶   **Gut zu wissen** Setzen Sie ggf. auf weniger gesuchte, aber relevante
     Keywords, z. B. einzelne Straftatbestände wie „Strafverteidiger Kör-
     perverletzung München". Die Klickkosten sind deutlich niedriger als
     bei sehr allgemeinen Begriffen („Anwalt Strafrecht") und der Bera-
     tungsdruck ist meist hoch, weil hier schon sehr konkret gesucht wird.
     Dass dieser Begriff seltener gesucht wird, ist dann zweitrangig.

3.3.3 Anzeigengestaltung

Aber all das bringt wenig, wenn die Anzeigen nicht optimal gestaltet sind. Denn die Gestaltung der Anzeigentexte entscheidet wesentlich mit darüber, ob eine Kanzlei mit Ads Mandate akquiriert oder nur Geld verbrennt.

In Abb. 3.2 ist zu erkennen, dass diese Anzeigen aus einer Headline und aus darunter befindlichen Textzeilen bestehen.

Bei der Gestaltung der Anzeigen kann man unterschiedliche kurze Teile für Headlines formulieren – genauso auch Sätze für die Textzeilen.

Diese Bestandteile setzt Google dann in der Folge automatisch zu vollständigen Anzeigen zusammen. Google kann so die Anzeigentexte automatisch auf die eingegebene Keyword-Kombination ausrichten und gut funktionierende Anzeigentexte bevorzugen.

- Die **URL (Internetadresse),** die sich *über* der Headline befindet, kann man ebenfalls gestalten. Auch hier sollte sich das Keyword finden. Diese Internetadresse verlinkt auf die Zielseite mit Informationen, Kontaktaufnahmemöglichkeiten etc.
- **Anzeigenerweiterungen** erhöhen den Informationswert einer Anzeige. So kann man den Suchenden auf den ersten Blick mehr Text, eine direkte Telefonnummer oder mehrere Links anbieten. Das verbessert den Service für Suchende und sorgt über mehr Fläche für mehr Sichtbarkeit der Anzeige.

▶   **Gut zu wissen** Wollen Sie Ads selbst erstellen und schalten, gibt es im Internet kostenlose Tools, mit denen Sie prüfen können, ob die Anzeigen funktionieren und wie sie später aussehen, z. B. über https://www.adseed.de/tools/google-ads-anzeigenvorschau/

3.4   Die Zielseite

Aus eigener Erfahrung mit Kanzleien und Ads kann ich berichten: Gebotsstrategie und Anzeigen können optimal sein und trotzdem entstehen aus Klicks keine Mandate. Der Grund dafür ist nicht selten die Zielseite, auf die die Anzeigen verlinken.

Die Zielseite muss folgende Kriterien erfüllen, damit aus einem Klick ein Mandat wird:

- Sie muss das **Thema der Suchanfrage** aufgreifen – als thematisch abgegrenzte Unterseite der Kanzleiwebsite (z. B. Unterseite ganz konkret zu „Kündigungsschutzklage") oder als eigens dafür angelegte kleine Internetseite.
- Sie sollte sehr **übersichtlich** sein und nur die wichtigsten Infos für die Ratsuchenden zur Verfügung stellen. Eine einfache, klare Kommunikation mit Handlungsaufforderung und eine einfache Kontaktaufnahmemöglichkeit wie z. B. eine anklickbare Telefonnummer reichen vollkommen.

Das bedeutet – und das sieht man leider trotzdem viel zu oft: Ads-Anzeigen, die z. B. auf die Startseite einer Kanzleiwebsite verlinken, werden in aller Regel nicht funktionieren. Ratsuchende finden so in der Regel einfach nicht schnell genug, wonach sie ursprünglich gesucht haben und springen wieder ab.

▶ **Gut zu wissen** Verursacht die Schaltung von Ads wirklich nur Kosten, kann das an zwei Dingen liegen: Die Anzeige passt nicht zum Suchbegriff bzw. Keyword. Oder Anzeige und Keyword passen zusammen, aber die verlinkte Zielseite ist unübersichtlich oder passt thematisch nicht. Prüfen Sie das unbedingt, bevor Sie Ads pauschal als unsinnig ad acta legen.

SEA ist nicht für jede Kanzlei und für jedes Beratungsangebot sinnvoll. Vor allem in Bereichen, in denen eine Kanzlei Privatmandate akquirieren will, z. B. Verkehrsrecht, Arbeitsrecht, Mietrecht, Familienrecht, Erbrecht etc., können Ads sehr gut – und auch sehr kurzfristig – funktionieren. In diesen Bereichen suchen Personen *aktiv* bei Google nach einem Rechtsanwalt bzw. einer Rechtsanwältin. Anders ist das in unternehmerisch geprägten Rechtsbereichen (M&A, Kartellrecht etc.) – hier finden in der Zielgruppe quasi keine Google-Suchen statt.

Das bedeutet aber auch: Eine Kanzlei, sie sich mit ihrem Beratungsangebot sowohl an Privatpersonen wendet als auch an Unternehmen, kann für den Privatmandatsbereich Ads sinnvoll nutzen und verzichtet im Bereich der Unternehmensmandate einfach auf dieses Marketingtool.

3.4.1 Die Umsetzung

Und wer erledigt das nun alles? Kann man sich um Ads selbst kümmern oder sollte man eine Agentur beauftragen?

Zwei Möglichkeiten gibt es:

- **Eine Person in der Kanzlei erledigt das selbst.** Aus meiner Sicht ist das gerade bei kleinen Kanzleien keine schlechte Idee, wenn in der Kanzlei das notwendige juristische Fachwissen und Wissen über SEA vorhanden ist. SEA-Technik und Strategie lassen sich erlernen. Funktionierende Anzeigen schaltet man einfach ab und an, den Rest der Anzeigen sortiert man nach und nach aus. Das kann eine sehr effiziente, kostengünstige Variante sein. Zeit und Nerven muss man aber aufwenden.
- **Eine Ads-Agentur/Marketingagentur übernimmt.** Das ist die maximal arbeits- und zeitsparende Variante. Problematisch ist nur, dass viele Ads-Budgets „normaler" Kanzleien für SEA-Agenturen zu klein sind. Reicht das

Budget, stoßen Ads-Agenturen außerdem nicht selten an inhaltliche Grenzen. Dann wird aus einer Anzeige für WEG-Recht auch einmal eine Anzeige für Wegerecht. Solche Fehler kosten bares Geld. Wissen um die richtigen Begriffe und Kontexte in einer Ads Agentur minimiert hingegen Streuverluste.

Aus meiner Sicht ist die optimale Lösung für Kanzleien eine Mischung aus beidem: Erstellen Ads-Profis in Abstimmung mit der Kanzlei Anzeigen und Kampagnen und werden diese über einen Zeitraum von zwei bis drei Monaten getestet, kann eine Kanzlei die Verwaltung und grobe Überwachung mit etwas Erfahrung und nach einer Schulung durch einen Profi durchaus selbst erledigen. Will man weniger als 1000 bis 1500 EUR/Monat ausgeben, ist das nach einer vom Profi überwachten Anlaufphase eine sehr gute Lösung.

Denn riesige Budgets und eine dauerhafte, intensive Überwachung und Anpassung von Ads-Kampagnen ist bei einer durchschnittlichen Kanzlei aus meiner Sicht nicht notwendig, weil sich in der Welt der Suchbegriffe für Kanzleien in aller Regel wenig ändert[14].

3.4.2 Zusammenfassung SEA

An Google Ads scheiden sich in Kanzleien häufig die Geister: die einen schwören darauf, andere verteufeln Suchmaschinenwerbung als zu teuer und ineffizient. Dass viele Kanzleien v. a. Google Ads mehr als skeptisch gegenüberstehen, ist oft nachvollziehbar: Ohne professionelle Unterstützung kann Google Ads extrem teuer und ineffizient sein.

Mein Rat: Wollen Sie Ads selbst in der Kanzlei umsetzen, lassen Sie sich von einem Profi zeigen, wie Ads für Ihren Beratungsbereich funktionieren kann. Wollen Sie Ads nicht selbst umsetzen, setzen Sie auf eine Agentur, die mit Kanzleien Erfahrung hat.

Denn an sich ist Google Ads ein tolles Tool, um sehr kurzfristig Mandate zu akquirieren. Und das gilt für jede Kanzleigröße.

---

[14] Ausnahmen bestätigen die Regel. Das kann z. B. bei einem grundlegenden Urteil sein, so z. B. kürzlich zum Thema Arbeitszeiterfassung. Hier ist es dann sinnvoll, auch kurzfristig zu reagieren und ggf. passende Anzeigen zu schalten.

CHECKBOX SEA

- SEA ist v. a. bei Google sinnvoll, aber auch Bing Ads können Erfolge bringen
- Das Suchnetzwerk bei Google ist für Kanzleien sinnvoller als das Displaynetzwerk
- Die Auswahl der richtigen Keywords zum Beratungsangebot ist essenziell für den Erfolg der Anzeigen
- Anzeigentexte müssen zu den Suchbegriffen passen
- Die Zielseite, auf die Ads verlinken, muss zu den Suchbegriffen passen
- Auf Kanzleien spezialisierte Agenturen mit juristischem Fachwissen arbeiten in der Regel effizienter

Anwaltssuchdienste 4

Anwaltssuchdienste spalten mindestens genauso die Gemüter wie Google Ads: teuer und nutzlos lautet oft der Vorwurf. Im Zweifel ist die Ablehnung sogar noch größer, denn Suchdienste versuchen durchaus hin und wieder, Profile in Drückerkolonnen-Manier im (Telefon)Vertrieb an den Anwalt bzw. die Anwältin zu bringen.

Aber sind Suchdienste so schlecht wie ihr gefühlter Ruf oder können sie das Onlinemarketing für Kanzleien doch effizient unterstützen?

4.1 Allgemeines zu den Suchdiensten

Bei klassischen Anwaltssuchdiensten bucht ein Rechtsanwalt bzw. eine Rechtsanwältin oder ganze Kanzlei ein Profil. Das Profil ist eine sehr kleine Internetpräsenz auf der Internetseite des Anbieters, auf der man sich bzw. die Kanzlei mit den eigenen Beratungsschwerpunkten vorstellen kann.

Je nach Anbieter und Profilart ist es möglich, das Profil mehr oder weniger zu individualisieren und das auch ohne Programmierkenntnisse etc. Die Gestaltbarkeit und Kosten für ein Profil sind wiederum je nach Anbieter sehr unterschiedlich. Letztere belaufen sich in der Regel auf ca. 30 bis 50 EUR netto im Monat, wobei die Mindestvertragslaufzeit von einem Monat bis zu 24 Monaten variieren kann.

► **Gut zu wissen** Je mehr Sie ein Profil selbst gestalten (lassen) können, desto besser. Je mehr Funktionen ein Profil hat (Rechtsbeiträge, Videobeiträge, Rechtsprodukte etc.), desto eher lohnt es sich. Standardisierte Profile, bei denen Sie sich nicht von anderen abheben können, bringen Ihnen keinen besonderen Nutzen.

P. Löffler, *Kanzleimarketing online*, essentials, https://doi.org/10.1007/978-3-658-42225-7_4

4.1.1   Die Vorteile

Aber warum sollte man nun ein solches Profil buchen, das gut 600 € netto oder
mehr im Jahr kosten kann? Kurzum: weil man als Rechtsanwalt oder Rechtsanwältin bzw. Kanzlei von der teils massiven Suchmaschinenoptimierung der
Website der Anwaltssuchdienste profitiert.
Vor allem bei etablierten Anbietern wie z. B. anwalt.de, profitiert man in
puncto Sichtbarkeit auf zwei Arten:

4.1.1.1   Sichtbarkeit mit dem Profil

Suchen Personen im Internet z. B. relativ allgemein nach „Anwalt Mietrecht
München" oder geben eine speziellere, problemorientierte Suchanfrage ein („Eigenbedarfskündigung Anwalt"), finden sich z. B. in der Trefferliste bei Google
auf Seite 1 in aller Regel mehrere Links auf die Websites von unterschiedlichen
Anwaltssuchdiensten.

Klicken Ratsuchende einen solchen Link an, werden sie meist auf eine Liste
von Kanzleien, Rechtsanwältinnen und Rechtsanwälten geleitet, die zum Thema
Mietrecht in München bei dem jeweiligen Suchdienst gelistet sind. Ist ein Profil
zu diesem Suchbegriff gelistet, wird es in dieser Liste angezeigt. So haben alle
Kanzleien, die im Mietrecht in München beraten und bei diesem Suchdienst ein
Profil betreiben, die Chance, dass ihr *Profil* von Ratsuchenden gefunden wird,
diese überzeugt und dann zu einem Anruf und bestenfalls zu einem Mandat führt.

▶   **Gut zu wissen** Googeln Sie Ihre Stadt und Ihr Rechtsgebiet, in dem
      Sie beraten. So können Sie sehen, welcher Suchdienst für Ihren Bera-
      tungsbereich – inhaltlich und räumlich! – gut sichtbar ist und sich
      damit für Sie bzw. Ihre Kanzlei eignen würde.

4.1.1.2   Sichtbarkeit durch Rechtsbeiträge

Bei vielen Suchdiensten ist es möglich, Rechtsbeiträge zu veröffentlichen, also
Textbeiträge in der Art eines Blogbeitrags. Dieser Beitrag wird allerdings auf der
Website des *Anwaltssuchdienstes* veröffentlicht, nicht auf der Kanzleiwebsite.

Letzteres ist dabei ausschlaggebend: aus diesem Grund haben Beiträge eine
gute Chance, im Rahmen einer sehr konkreten Suchanfrage direkt bei Google auf
Seite 1 gefunden zu werden – eine deutliche höhere Chance als im eigenen Blog.
Ist es möglich, in einem Suchdienstprofil Beiträge zu veröffentlichen, sollten man
davon unbedingt Gebrauch machen und Texte zu eng eingegrenzten Themen für
die eigene Zielgruppe schreiben, z. B. „Rechte als Mieter bei Schimmel".

Abb. 4.1 Scannen Sie
diesen QR-Code und lesen
Sie den Beitrag zum Thema
„Professionelle Rechtstipps
schreiben"

Das funktioniert auch für den B2B-Bereich. Denn grundsätzlich werden externe Rechtsanwälte und Rechtsanwältinnen in diesem Umfeld selten direkt über Google gesucht. Aber Verantwortliche in Unternehmen suchen durchaus nach Inhalten zu bestimmten Rechtsfragen im Unternehmenskontext. Stolpern sie dann über einen passenden Beitrag und ein professionelles Profil bei einem Suchdienst, kann das durchaus der Anstoß sein, Kontakt aufzunehmen.

▶   **Gut zu wissen** Wie Sie einen Rechtstipp strukturieren und worauf Sie beim Schreiben noch achten sollten, erfahren Sie im Beitrag „Professionelle Rechtstipps schreiben" unter https://anwalts.marketing/rec htstipps_schreiben/, siehe auch den QR-Code in Abb. 4.1.

4.1.2   Ein überzeugendes Profil ist das A und O

Ein professionelles, nutzungsfreundliches Profil ist das A und O für den Erfolg des Profils.
Aber was macht ein überzeugendes Suchdienstprofil aus?

- Ein **gutes Profilfoto:** Menschen kaufen gerne von Menschen, die sie sympathisch finden und für kompetent halten. Beides können Sie gut und schnell mit einem professionellen Profilfoto vermitteln. Optimal ist ein hochwertiges Porträt, das das Gesicht gut erkennen lässt. Das hat an zwei Stellen innerhalb des Portals Vorteile: Erscheint das Profil in einer *Trefferliste,* heben Sie sich positiv ab, weil viele Profile schlechte Porträts oder nur das Kanzlei-Logo als Profilbild einsetzen. Stoßen Ratsuchende direkt auf das *Profil,* überzeugt ein professionelles Porträt mehr als ein verschwommenes altes Foto.

- Ein **aussagekräftiger Profiltext:** In nahezu allen Profilen von Anwaltssuchdiensten kann man einen eigenen Profiltext hinterlegen. Diese Text sollten optimal gestaltet sein: Der richtige Sprachstil und eine gute Gliederung des Textes sind maßgeblich – wie bei der Website.
- Ein **suchoptimierter Profiltext:** Auch der Profiltext eines Suchdienstprofils sollte „suchoptimiert" sein. Denn die Websites der Anwaltssuchdienste haben eine eigene Suchfunktion. In den Suchschlitz – meist auf der Startseite des Suchdienstes – geben Ratsuchende nicht selten sog. Long-Tail-Keywords ein, also beispielsweise ein konkretes Rechtsproblem wie z. B. „Eigenbedarfskündigung". Exakt diese Keywords zu individuellen Beratungsangebot sollten sich deshalb im Profiltext finden. Nutzt man diese Begriffe, wird das Profil in der seiteninternen Trefferliste bei Suchanfragen.

   ▶   **Gut zu wissen** Achten Sie auch diesen Tipp, können Sie sich im Vergleich zu Kolleginnen und Kollegen einen echten Vorteil verschaffen, die diesen „Trick" nicht kennen. Denn bei einer suchdienstinternen Suche z. B. zur „Eigenbedarfskündigung München" ist die interne Trefferliste deutlich kürzer als z. B. zu „Mietrecht München". Ihre Chancen steigen so, dass Ihr Profil prominent angezeigt und dann angeklickt wird.

- Ein **vollständiges Profil:** Ein vollständiges Profil ist deutlich aussagekräftiger – und auch das hebt ein Profil von anderen Profilen ab. Das wiederum erhöht die Chance, einen Anruf oder eine Nachricht von Ratsuchenden zu erhalten. Ist es also möglich Medien wie Bilder, Videolinks oder Downloads in das Profil einzubinden, ist es sinnvoll das zu tun.

4.1.3 Zusammenfassung Suchdienste

Suchdienstprofile haben einige Vorteile für die Sichtbarkeit einer Kanzlei bzw. eines Rechtsanwaltes oder einer Rechtsanwältin im Internet. Ein Suchdienstprofil gehört m. E. deshalb in die Onlinemarketing-Strategie von kleinen und mittleren Kanzleien und insbesondere in die Marketingstrategie neu gegründeter Kanzleien, um zunächst einmal für den notwendigen Grundumsatz zu sorgen.

Ein Suchdienstprofil arbeitet allerdings nicht von allein. Allein das Profil zu buchen bringt in der Regel keine neuen Mandate. Ein Profil muss individuell eingerichtet und aktiv betrieben werden, damit es den gewünschten Erfolg bringt.

Checkbox Suchdienste

Denken Sie darüber nach, ein Suchdienstprofil zu buchen und zu nutzen, berücksichtigen Sie bitte die folgenden Aspekte:

- Anwaltssuchdienste sind besser als ihr Ruf
- Suchdienstprofile erhöhen die Sichtbarkeit der Kanzlei im Internet – vor allem Beiträge zu spezifischen rechtlichen Themen (Rechtstipps)
- Ein gutes Profil verfügt über ein professionelles Profilbild
- detaillierte Texte zu den Beratungsthemen inkl. Keywords sind essenziell

Social Media

5

Die sozialen Medien haben in der Corona-Pandemie enorm an Bedeutung für die Kanzleikommunikation gewonnen. Das Besondere an Social Media ist dabei der direkte Austausch mit der eigenen Zielgruppe – mit Ratsuchenden, aber auch mit Bestandsmandanten. Im besten Fall erzeugt Social Media direkte Interaktion, die in allen anderen Formen der Vermarktung im Netz in dieser Form nicht möglich ist.

Dabei ist Social Media genauso für Kanzleien relevant, die überwiegend Privatleute beraten und vertreten, wie für Kanzleien im B2B-Umfeld.

Gleichzeitig ist Socila-Media-Marketing gleichermaßen für Einzelanwältinnen und -anwälte, für kleine und große Kanzleien als solche wie auch für Berufsträgerinnen und Berufsträger innerhalb einer Kanzleistruktur spannend, die sich unabhängig von der restlichen Kanzlei im Internet präsentieren wollen. Social Media hat also in ganz unterschiedliche Konstellationen erheblichen Mehrwert.

▶ **Gut zu wissen** Social Media hat auch im Personalbereich enormes Potenzial: einerseits, um aktiv Personalakquise zu betreiben, andererseits als Imagefaktor bei der Akquise von jungen Talenten. Denn Kanzleien, die Social Media ausblenden oder unprofessionell betreiben, hinterlassen bei potenziellen Bewerberinnen und Bewerbern aller Qualifikationsstufen keinen guten Eindruck.

© Der/die Autor(en), exklusiv lizenziert an Springer Fachmedien Wiesbaden GmbH, ein Teil von Springer Nature 2023
P. Löffler, *Kanzleimarketing online*, essentials,
https://doi.org/10.1007/978-3-658-42225-7_5

Doch was genau kann Social Media für Kanzleien und Rechtsanwältinnen und Rechtsanwälte und welcher Social-Media-Kanal ist für wen in welcher Form geeignet?[1].

5.1 Die Profilarten

Zunächst ist es wichtig zu klären, wie man in den sozialen Medien aktiv werden kann und will. Möchte man sich als **Kanzlei** mit einem Kanzleiprofil präsentieren, als **einzelne Person** sichtbar werden oder unter Umständen beides?

5.1.1 Das Kanzleiprofil

Ein Unternehmensprofil – ausgestaltet als **Kanzleiprofil** – eignet sich grundsätzlich vor allem für größere Kanzleien, in denen so viel „los" ist bzw. in denen so viele Inhalte „produziert" werden, dass die Kanzlei als solche damit problemlos ein eigenes Kanzlei-Social-Media-Profil bestücken kann.

An der Größe der Kanzlei allein lässt sich das allerdings nicht festmachen: auch eine online sehr aktive, kleine Kanzlei kann ein sehr gutes Kanzlei-Social-Media-Profil betreiben. Genauso kann eine große Kanzlei mit eigenem Marketingmanagement an einem Kanzleiprofil scheitern. Aus Erfahrung kann ich berichten, dass der Erfolg eines Kanzleiprofils mit dem Willen und Engagement der Kanzlei steht und fällt. Haben nur vereinzelte Personen Zeit und Lust auf diese Social-Media-Arbeit, ist ein Kanzleiprofil bei LinkedIn, Instagram oder Facebook etc. mittelfristig zum Scheitern verurteilt. Nur, wenn es in der Kanzlei Rückhalt für das Projekt gibt und ausreichend Personen auch tatsächlich mitziehen, sollte man also ein Kanzleiprofil betreiben.

▶   **Gut zu wissen** Sie können ein Social-Media-Kanzleiprofil von einer Agentur extern betreuen lassen – das funktioniert. Aber auch Dienstleister sind auf Mitwirkung und Input der Kanzlei angewiesen, wenn das Ergebnis stimmen soll. Das sollten Sie sich vor Augen halten. Der Output der Agentur ist nur so gut wie der Input der Kanzlei!

---

[1] In dieser Veröffentlichung kann ich nicht auf die unterschiedlichen Plattformen im Detail eingehen. In den Grundfunktionen –, sind aber alle Social-Media-Kanäle ähnlich und unterscheiden sich eher in Inhalten und Zielgruppen.

Andernfalls macht es ggf. mehr Sinn, auf Personenprofile von den Personen zu setzen, die Zeit und Lust haben, sich in den sozialen Medien zu engagieren. Denn ein halbherzig betriebenes Kanzleiprofil in den sozialen Media hinterlässt im Netz keinen besonders guten Eindruck – bei potenziellen Ratsuchenden und bei potenziellen Mitarbeitenden.

Doch auch dann, wenn eine Kanzlei ein Kanzleiprofil nicht ständig aktiv mit Inhalten bestückt, kann sich ein Kanzleiprofil in Form eines Unternehmensprofils lohnen. Denn nur mit einem solchen Profil ist in der Regel möglich Werbeanzeigen innerhalb des jeweiligen Social Networks zu schalten (sog. **Social Ads**).

Diese Anzeigen werden ausschließlich innerhalb des jeweiligen Netzwerkes an bestimmte Personen ausgespielt. Das Spannende an Social Ads: anders als bei Google Ads ist es hier möglich, über bestimmte Personen-Parameter (Alter, Standort, Berufsabschluss, aktuelle Position etc.) sehr genau zu definieren, wem die Anzeigen innerhalb des Netzwerkes angezeigt werden, z. B. an einen Geschäftsführer, männlich, 45, akademischer Abschluss, Unternehmen in Bayern. Das minimiert Streuverluste bei Anzeigen maximal!

▶ **Gut zu wissen** Social Ads sind vor allem für B2B-Kanzleien spannend. Denn anders als bei Google Ads werden die Anzeigen von Ihnen definierten Personen („Personas") in deren „News-Stream" angezeigt – ohne dass diese Personen aktiv suchen müssen! So „stolpern" mögliche Mandantinnen bzw. Mandanten über Ihre Anzeigen. Das kann Interesse oder Beratungsbedarf wecken und damit zu Kontaktaufnahmen führen.

Hinsichtlich Anzeigentext und Zielseiten – auch Social Ads verlinken auf eine Website – gilt dann alles, was bereits zu Google Ads gesagt wurde: die Anzeige muss neugierig machen und auf eine Seite verlinken, die exakt zum Thema passt.

5.1.2 Personenprofil

Ein Personenprofil in den sozialen Medien – vor allem in beruflich genutzten Medien – ist meiner Meinung nach heutzutage für Rechtsanwälte und Rechtsanwältinnen unverzichtbar.

Das bedeutet derzeit vor allem, dass ein persönliches LinkedIn-Profil wenigstens für Rechtsanwältinnen und Rechtsanwälte im B2B-Umfeld aktuell quasi zum guten Ton gehört. Genauso ist LinkedIn auch für bestimmte Kanzleien relevant, die Privatpersonen unterstützten. Und: all das gilt grundsätzlich unabhängig davon, ob man sich aktiv in den sozialen Medien zeigen will oder nicht. Wer **nicht aktiv** mit seinem Profil arbeiten will – ob angestellt oder selbstständig –, dem dient ein solches Profil zumindest als eine Art **virtuelle Visitenkarte**.[2]

▶ **Gut zu wissen** Ob ein beruflich genutztes Personenprofil auf Facebook, Instagram und TikTok Sinn macht, hängt wiederum sehr vom Beratungsbereich und den persönlichen Vorlieben ab. Die oben genannten Social-Media-Kanäle eignen sich vor allem für die Akquise von Privatmandaten, anders als z. B. LinkedIn. Und diese Kanäle muss man – auch im Gegensatz zu LinkedIn – unbedingt aktiv bespielen!

Wer **aktiv mit dem Profil** arbeiten will, sollte die sozialen Medien auf zwei Arten nutzen:

Einerseits für **Selbstdarstellung** im besten Sinne. Denn man kann Social Media als persönlichen, selbst steuerbaren Kommunikationskanal nutzen, um Wissen, berufliche Spezialisierung, (beruflichen) Aktivitäten, aber auch die eigene Meinung zu bestimmten (beruflichen) Themen zu kommunizieren. Auf diese Art entsteht in der virtuellen Öffentlichkeit des Netzwerkes ein Bild von der Person. Andere Personen erfahren so, was diese Person anbietet, besonders gut kann etc. (sog. **Personal Branding**).

▶ **Gut zu wissen** Mit einem persönlichen Profil sind Sie in der Kommunikation in den sozialen Medien mehr oder weniger von der restlichen Kanzlei unabhängig. Kommt die Kanzlei in der Kommunikation nicht voran (veraltete Website, verwaistes Kanzleiprofil etc.), ist es mit dem Personenprofil möglich, Kommunikation im eigenen Tempo und Stil zu betreiben.

Andererseits ist es sinnvoll, ein Personenprofil zu nutzen, um sich virtuell mit anderen Personen zu **vernetzen**. Und das gelingt im virtuellen Raum oft viel leichter als im realen Leben und das auch mit vollkommen unbekannten Personen. Denn eine direkte persönliche Nachricht über das Netzwerk ist oft deutlich

---

[2] Digitale Visitenkarten gibt in zwischen auch. Lesen Sie hier mehr über die papierlose Alternative zur klassischen Visitenkarte: https://anwalts.marketing/digitale_visitenkarte_kanzleimarketing/

schneller und unmittelbarer ausgetauscht als über „offizielle" E-Mail-Kanäle, bei denen ggf. noch ein Sekretariat dazwischengeschaltet ist.

▶   **Gut zu wissen** Über Personenprofile können Personen viel leichter miteinander in Kontakt kommen. Denn die Kontaktaufnahmemöglichkeiten bei Kanzleiprofilen sind meist sehr eingeschränkt!

Meiner Meinung nach kann man allerdings Personenprofil – anders als ein Kanzleiprofil – quasi nicht fremdbetreuen lassen. Einerseits ist es für Externe kaum möglich, exakt den richtigen persönlichen Ton treffen. Andererseits können Externe fachlich nicht leisten, was der Profilinhaber leistet. Und wirklich eng wird es, wenn sich z. B. alte private Kontakte oder Personen über ein Personenprofil melden, die man z. B. auf einer Veranstaltung kennengelernt hat. Wie sollen Externe hier in der Kommunikation anknüpfen können?

▶   **Gut zu wissen** Social Media in Form eines Personenprofils auf allen Social-Media-Kanälen sollten Sie nur machen, wenn Sie Zeit dafür und Lust dazu haben. Denn outsourcen kann man diese Marketingarbeit nur bedingt.

5.2   Der richtige Social-Media-Kanal

Entscheidet man sich Social Media für das eigene Onlinemarketing zu nutzen stellt sich schnell eine Frage: Welcher Social-Media-Kanal ist der richtige?

Welche Social-Media-Kanäle[3] man nutzt – als Person oder mit einem Kanzleiprofil –, ist nicht nur Geschmackssache. Es ist vor allem eine Frage des Rechtsbereichs, in dem die Kanzlei aktiv ist und damit auch eine Frage der Zielgruppe. Denn die unterschiedlichen Social-Media-Kanäle bedienen unterschiedliche Interessen und eine unterschiedliche Klientel in unterschiedlichen Ansprache-Situationen.

---

[3] Wer sich für Social-Media-Statistiken interessiert, wird hier einige interessante Fakten finden: https://blog.hootsuite.com/social-media-demographics/#General_social_media_demographics (abgerufen: 29.08.2022).

Das bedeutet: Eine Kanzlei mit homogenem Beratungsangebot oder ein Einzelanwalt bzw. eine Einzelanwältin sollte sich bestenfalls auf einen Kanal fokussieren, der zu ihrer Zielgruppe passt, und diesen Kanal mit voller Aufmerksamkeit betreiben.

Eine Kanzlei mit sehr breitem Beratungsspektrum und mehreren Rechtsanwältinnen und Rechtsanwälten kann durchaus daran denken, unterschiedliche Social-Media-Kanäle zu nutzen. Hier würden sich im Zweifel Personenprofile für die jeweiligen Rechtsanwälte und Rechtsanwältinnen besser eignen als ein Kanzleiprofil, um Beiträge zu bestimmten Themen in der richtigen Zielgruppe zu platzieren.

▶   **Gut zu wissen** So kann eine Fachanwältin für Familienrecht u. U. auf Instagram besser abgebildet sein als auf LinkedIn – und eine Fachanwältin für Handels- und Gesellschaftsrecht in der gleichen Kanzlei eher auf LinkedIn.

Geht es darum, die unterschiedlichen Social-Media-Kanäle zu kategorisieren, gibt es Social-Media-Kanäle, die eher privat genutzt werden und andere, auf denen sich Personen eher im beruflichen Kontext bewegen.

- Im Bereich der **Businessnetzwerke** hat sich in den letzten Jahren **LinkedIn** als „place to be" etabliert. Xing hingegen verliert meiner Ansicht nach an Bedeutung als „Social Network". LinkedIn geriert sich in seinen Funktionalitäten und seiner Gesamtstruktur schlichtweg deutlich mehr als „Social Network", erzielt so mit Posts deutlich größere Reichweiten und ist damit für das Vernetzen, das Kontakt aufnehmen und halten aus meiner Sicht besser geeignet als Xing
- Bei **LinkedIn** finden sich in aller Regel Personen, die das Netzwerk im „beruflichen Modus" nutzen. Kanzleien und Rechtsanwältinnen und Rechtsanwälte, die Rechtsberatung zu **klassischen B2B-Themen** anbieten, sind hier sehr gut aufgehoben: um sich selbst als Fachperson zu präsentieren und sich z. B. mit Personen in Unternehmen auf Führungs- und Entscheidungsebene direkt persönlich zu vernetzen.
- Kanzleien die **Privatpersonen** beraten und vertreten sind hingegen deutlich besser bei **Facebook, Instagram & Co. aufgehoben.** Denn hier liegt der Fokus der Themen auf dem Alltag der Menschen. Hinweise zu und Antworten auf Fragestellungen aus dem Familienrecht, Verkehrsrecht, Einkommensteuerrecht oder Arbeitsrecht für Angestellte fallen hier auf fruchtbaren Boden.

▶ **Gut zu wissen** Diese Aussagen geben meine persönliche Einschät-
zung wieder – absolute Aussagen lassen sich hier kaum treffen!
Richten Sie sich mit Ihrem Beratungsangebot im Wirtschaftsrecht
auch an Start-ups, Einzelunternehmer und KMU, kann das mit
bestimmten Themen auch auf Instagram, Facebook oder TikTok
richtig sein. Genauso können z. B. bestimmte Themen aus dem
Familienrecht auf LinkedIn sehr gut funktionieren – Stichwort
„Unternehmerscheidung"! Es kommt hier also leider auch drauf an...

Um eine Entscheidung für oder gegen einen bestimmten Social-Media-Kanal zu
treffen, ist es also wichtig, sich Gedanken darüber zu machen, wen man konkret
ansprechen will. Bevor man in der Kanzlei mit Social Media startet, sollte also
die eigene(n) Zielgruppe(n) möglichst klar definiert sein.

▶ **Gut zu wissen** Wollen Sie Personalarbeit und Image-Pflege – gerade
im Zusammenhang mit der Akquise von Nachwuchskräften – über
Social Media betreiben, sind eigentlich alle Social-Media-Kanäle
geeignet. Denn über die unterhaltungslastigeren Kanäle wie Facebook, Instagram & Co. oder vielleicht sogar TikTok lassen sich sehr
gut „Image" und „Stimmung" kommunizieren, gerade wenn man sich
an junge Talente wendet.

5.3   So baut man (s)ein Netzwerk auf/aus

Social-Media-Marketing bringt allerdings nur etwas, wenn Posts tatsächlich echte
Menschen erreichen. Es gilt also Freunde, Follower oder Likes zu sammeln, damit
Posts von Menschen gesehen werden.

Dabei ist aller Anfang schwer. Denn hunderte Netzwerkkontakte fallen natürlich nicht vom Himmel. Social Media-Arbeit ist zu Beginn vor allem eines:
mühsam.

Deswegen habe ich Ihnen hier einige Tipps für den Anfang zusammengestellt:

• Suchen Sie **alte Kontakte** aus der Schulzeit, dem Sportverein und dem Studium über die Suchfunktion eines Netzwerkes. Das bringt ganz am Anfang
nicht nur Kontakte in ganz unterschiedlichen Bereichen, sondern ist auch
einfach spannend.

- Kontaktieren Sie aktiv **aktuelle Kolleginnen und Kollegen, Bekannte, Freunde und Freundinnen** über Social Media – auch mit Ihrem Businessaccount. So erfahren viele Menschen aus Ihrem Bekanntenkreis im Zweifel zum ersten Mal, was Sie *wirklich* beruflich tun. Das ist nicht unwichtig, z. B. auch für klassisches Empfehlungsmarketing.
- Nehmen Sie aktiv Kontakt zu Menschen auf, die Sie auf Veranstaltungen kennenlernen.
- Beteiligen Sie sich aktiv an **Gruppen, Foren und Diskussionen** auf Ihrer Social-Media-Plattform, z. B. in dem Sie Fragen stellen oder auf Fragen anderer antworten, indem Sie kommentieren oder liken. Das schafft Sichtbarkeit.
- Können Sie sehen, wer ihr Profil besucht hat: Kontaktieren Sie diese Person. Eine kurze Nachricht „Ich freue mich über eine Vernetzung" reicht meistens. Dieser Tipp gilt aus meiner Sicht allerdings in erster Linie für Business-Netzwerke.
- **Werden Sie aktiv:** Posten Sie interessante und unterhaltsame Inhalte über Ihr Profil. Kommt das gut an, erzeugen Sie so automatisch erst Zustimmung im Netzwerk und Aufmerksamkeit darüber hinaus. Dieser Tipp gilt für Personen- und Kanzleiprofile.
- **Anzeigen in den sozialen Medien** („Social Ads") – B2C und B2B – sind für Kanzleiprofile auch eine gute Möglichkeit, neue Follower zu generieren und so eine größere Sichtbarkeit zu erzielen. Hier geht es also nicht nur um unmittelbare Mandatsakquise, sondern auch um die Arbeit an der eigenen Kanzleimarke.

Nicht zuletzt ist das „reale Leben" eine gute Gelegenheit, Social-Media-Kontakte zu gewinnen. Sie können z. B.

- auf Ihrer Visitenkarte auf Ihre Social-Media-Präsenzen/-Profile hinweisen, z. B. mit einem scanbaren QR-Code, der direkt auf Ihr Profil verlinkt,
- in Ihrem Profil auf der Kanzleiwebsite einen Link zur Ihrem Social-Media-Profil einbauen,
- am Ende von Vorträgen bzw. Webinaren auf der letzten Folie auf Ihr Social-Media-Profil hinweisen,

um Ihr Netzwerk aus dem realen Leben in die sozialen Medien zu transferieren.

> **Gut zu wissen** Ein gutes Profil ist in den sozialen Medien genauso wichtig wie in Anwaltssuchdiensten! Legen Sie also auch hier Wert

auf ein gutes Porträt, leicht erfassbare und vollständige Informationen über Sie und Ihr Beratungsangebot. Tun Sie sich damit schwer, ein Profil zu erstellen, lassen Sie Ihr Profil von Profis erstellen!

5.4 Was posten?

Wenn Kanzleien sich grundsätzlich für das Thema Social Media interessieren, höre ich oft: „Wir wollen aber nicht unser Essen auf Facebook oder Instagram posten".

Das lässt erkennen, dass die Wahrnehmung von Social Media in Kanzleien oft noch recht eindimensional ist. Denn sog. Foodporn[4] hat grundsätzlich mit professioneller Social-Media-Arbeit in einer Kanzlei erst einmal nichts zu tun. Grundsätzlich ist klar: wer auf Social Media aktiv sein will, muss etwas zu kommunizieren haben und das in Form von Texten, Videos, Fotos, Grafiken etc.

▶ **Gut zu wissen** Qualität geht vor Quantität. Lieber ein guter Text oder ein gutes Bild als ein Haufen Mittelmäßiges.

Geht es darum zu entscheiden, was man posten will, ist zu bedenken, dass Social Media im beruflichen Kontext – ob B2B oder B2C – grundsätzlich **zwei Funktionen** hat: informieren und unterhalten. Deswegen ist eine gute Mischung aus fachlichen Inhalten verständlich aufbereitet und unterhaltsamen und informativem Elementen (z. B. Einblicke in den Kanzleialltag) genau richtig. Das gilt für Personenprofile genauso wie für Kanzleiprofile.

Und wie posted man dann diese Inhalte? Hierfür gibt es unterschiedliche Formate. Die gängigen Formate sind auf allen Plattformen und in allen Rechtsbereichen:

- **kurze Textposts:** sie sind schnell erstellt – sie sorgen aber in den bildlastigen sozialen Medien oft nicht für genug Aufmerksamkeit
- *kurzer* **Text und Bild/Videolink:** die *Bilder* sorgen hier für Aufmerksamkeit – Text und ggf. auch Bild transportieren die Inhalte.

---

[4] Wer sich mit dem Phänomen Foodporn einmal auseinandersetzen will, kann sich hier schlau machen: https://www.uni-potsdam.de/de/romanistik-kimminich/kif/kif-analysen/kif-analyse-foodporn.html (abgerufen: 19.08.2022).

- **Verlinkungen auf eigene oder fremde Blogbeiträge:** Sie sind das richtige Format, um Social-Media-gerecht vertiefte Informationen zu vermitteln. Zieht sich das Netzwerk ein Bild aus dem Blogbeitrag sorgt das für Aufmerksamkeit. Hat der Beitrag kein eigenes Bild, nutzt man bestenfalls ein zusätzliches Bild.
- **Beiträge innerhalb der Plattform** (z. B. Artikel auf LinkedIn) – auch das ist eine Möglichkeit, vertiefte Informationen zur Verfügung zu stellen, die dauerhaft innerhalb des Netzwerkes bestehen bleiben und mit einem Kanzlei- oder Personenprofil verbunden bleiben.

Den Inhalten der Posts sind – außer rechtlichen Grenzen (Mandatsgeheimnis, Urheberrecht, allgemeines Persönlichkeitsrecht etc.) und den Grenzen des guten Geschmacks – dann eigentlich keine Grenzen gesetzt. Wichtig ist in allen Fällen nur, dass Posts immer zu dem passen, was die Kanzlei anbietet und ausmacht.

▶   **Gut zu wissen** Vor allem, wenn Sie auf Inhalte anderer Personen oder Seiten verlinken, sollten Sie im eigenen Post eine Einordnung geben, warum Sie das tun – also verkürzt: „finde ich gut", „finde ich erstaunlich", „sehe ich gar nicht so, weil…" Ohne diese Einordnung bietet ein Post zu viel Interpretationsspielraum – so kann ein falscher Eindruck entstehen.

Und was ist mit privaten Inhalten?

Hier scheiden sich die Geister: Die einen haben nichts dagegen, sich auch im beruflichen Umfeld privat zu zeigen, im Urlaub, mit Kindern etc. Andere sind für eine strikte Trennung von Beruf und Privatleben in den sozialen Medien.

Meine Meinung dazu lautet wie folgt: Einerseits gibt es Unterschiede zwischen Businessnetzwerken wie LinkedIn und Xing und eher privat genutzten Netzwerken wie Facebook oder Instagram. Auf LinkedIn haben m. E. private Inhalte wenig bis gar nichts zu suchen. Etwas über Hobbies zu kommunizieren – ok, denn sie lassen natürlich auch Rückschlüsse auf die Person zu. Familie und Urlaub hingegen sind hier (für mich) tabu, wenn es nicht allgemein z. B. um Themen wie Vereinbarkeit von Beruf und Familie, „New Work" etc. geht. Je nachdem wie der Umgang mit der eigenen Mandantschaft in der Beratung von Privatpersonen ist, kann man das natürlich anders sehen und mehr „Privates" zeigen. Das ist letztlich auch persönliche Geschmackssache.

5.5   Social Media brauchen Zeit

Gute Social-Media-Kanäle aufzubauen, braucht Zeit. Außerdem haben Kanzleien und Rechtsanwältinnen und Rechtsanwälte ein Problem, das grundsätzlich das gesamte Kanzleimarketing betrifft:

In der Rechtsberatung funktioniert das Werbewirk-Prinzip AIDA[5] nur begrenzt bzw. nur mit einem enormen zeitlichen Versatz. Man kann schlichtweg mit wiederholender Werbung keinen Beratungsbedarf schaffen, der nicht zumindest schon unbewusst existiert.

So z. B. im Verkehrsrecht: Entweder hatte ein Autofahrer einen Unfall und braucht einen Anwalt für die Unfallabwicklung oder nicht. Hatte er keinen Unfall, geht Werbung für anwaltliche Unfallregulierung an ihn fehl, egal, wie oft er Anzeigen zu sehen bekommt.

Aus diesem Grund geht es in den sozialen Medien darum, sich mit dem passenden Beratungsthema im Kopf der Netzwerkkontakte zu verankern und erinnerbar zu werden. Das Ziel ist dann im Falle des Beispiels mit dem Verkehrsunfall wie folgt: Ihr Netzwerkkontakt hat einen Autounfall und benötigt einen Anwalt bzw. eine Anwältin für Verkehrsrecht. Der betroffenen Person fällt dann ein „ach, da war doch XY auf LinkedIn/Facebook/Insta – den/die kontaktiere ich jetzt, der/die kann mir sicher gut helfen".

▶   **Gut zu wissen** Bei *gestaltender* Rechtsberatung kann das anders sein. Hier kann man bei Personen den Wunsch wecken, sich ENDLICH einmal um ein bestimmtes Thema zu kümmern und entsprechende Beratung in Anspruch zu nehmen (z. B. Erstberatung Vorsorge, Prüfung aktueller Arbeitsverträge im Unternehmen etc.). Hier kann sehr gezieltes (Social-Media-)Marketing z. B. über Social Ads[6] einen „Kaufwunsch" für anwaltliche Beratung auslösen.

---

[5] AIDA beschreibt vier Phasen, die ein potenzieller Käufer eines Produktes/einer Dienstleistung durchlaufen muss, um sich für einen Kauf zu entscheiden: Attention (Aufmerksamkeit) – Interest (Interesse) – Desire (Kaufwunsch) – Action (Kaufhandlung).

[6] Dazu mehr unter http://www.anwalts.marketing/social_ads.

5.5.1   Zusammenfassung Social Media

Social Media kann in vielerlei Hinsicht ein sehr erfolgreicher Marketingkanal für Kanzleien oder Rechtsanwältinnen und Rechtsanwälte sein. Allerdings muss man das recht arbeitsintensive Thema wirklich angehen wollen. Wer keine Lust auf Social Media hat und die Zeit nicht investieren will, sollte diesen Marketingkanal schlichtweg nicht nutzen.

Checkbox Social Media

- Social Media ermöglicht sehr unmittelbare, persönliche Kommunikation nach außen
- Es sind Kanzleiprofile und Personenprofile möglich – überlegen Sie, was für Sie sinnvoller ist
- Social Media ist zeitaufwendig – deswegen müssen Sie Social Media wirklich machen wollen
- Für unterschiedliche Zielgruppen gibt es unterschiedliche Social-Media-Plattformen – es gilt, die richtige(n) zu finden
- Social Ads sind eine effiziente Werbeform jeder Größe für Kanzleien im B2B-Markt

Last But Not Least: Das Sekretariat

6

Sie fragen sich: Warum zum Abschluss ein Kapitel zum Thema Sekretariat? Was hat das mit Onlinemarketing zu tun?

Nach meiner Erfahrung hat das Sekretariat oft viel mit dem Erfolg oder Misserfolg von Marketingmaßnahmen zu tun. Denn das Onlinemarketing einer Kanzlei ist oftmals nur so effizient, wie das Sekretariat gut ist – oder wie Sie selbst, wenn Sie selbst ans Telefon gehen, auf E-Mails oder Messenger-Nachrichten in den sozialen Medien antworten.

Finden Ratsuchende eine Website über Google in den organischen Treffern, klicken sie auf eine Anzeige bei Google oder in den sozialen Medien oder finden sie einen Kontakt über einen Suchdienst, ist das zunächst nur der erste Schritt: die Kontaktaufnahme. Der Umgang mit dieser Kontaktaufnahme in der Kanzlei ist dann allerdings entscheidend dafür, ob aus einer „Conversion[1]" ein Mandat wird.

Je nachdem, wie professionell oder unprofessionell eine Kanzlei mit einer Anfrage umgeht gestaltet sich nicht selten auch der Erfolg des Marketings. Dazu ein Fall aus eigenem Erleben:

---

[1] Conversion bezeichnet im Marketing, insbesondere im Online-Marketing, die Umwandlung des Status einer Zielperson in einen neuen Status, z. B. die Umwandlung eines Interessenten in einen Kunden, https://de.wikipedia.org/wiki/Konversion_(Marketing), abgerufen am 13.12.2022.

P. Löffler, *Kanzleimarketing online*, essentials, https://doi.org/10.1007/978-3-658-42225-7_6

Der Ton macht die Musik

In einer Kanzlei (B2C) wurden Google-Ads-Anzeigen geschaltet. Es kamen deutlich mehr passende Mandatsanfragen über Anrufe, E-Mails und Nachrichten über das Kontaktformular als zuvor, die Anzeigen wirkten also[2]. Doch entweder war der Kontakt nach dem ersten Telefonat mit dem Sekretariat beendet (kein Beratungstermin) oder es entstanden Beratungstermine, die später abgesagt oder nicht eingehalten wurden. Trotz guter Conversion-Zahlen (Verhältnis Anzeigenschaltung – Klicks – Kontaktaufnahmen) wurden also keine neuen Mandate generiert. Der Kollege schaute dann dem Sekretariat etwas genauer auf die Finger bzw. hörte einmal genauer zu. Hier machte tatsächlich der Ton die Musik. In dieser Kanzlei haperte es an Höflichkeit und der Bereitschaft, einen Terminwunsch zu erfüllen etc.◄

Dieses klassische Kanzleithema hat also auch für den Erfolg von Onlinemarketing enorme Bedeutung. Wenn es hier Verbesserungspotenzial gibt, lohnt sich die Investition in eine Schulung des Kanzleiteams und ggf. der eigenen Person.

---

[2] Das Thema Anzeigen-Tracking ist relativ komplex und wurde hier aufgrund des Formates der Veröffentlichung ausgelassen.

Fazit 7

Das Onlinemarketing hält für Kanzleien, Rechtsanwältinnen und Rechtsanwälte sehr viele unterschiedliche Möglichkeiten bereit, sich selbst und das eigene Beratungsangebot zu vermarkten.

Wollen Sie sich diesem Thema verstärkt widmen, beginnen Sie zunächst damit, eine sehr gute Internetpräsenz passend zum Ihrem Beratungsangebot, zu Ihrer Person bzw. Kanzlei und für Ihre Zielgruppe(n) zu erstellen.

Ist das passiert, gilt es zu entscheiden, über welchen Marketing-Kanal im Internet Sie Ihre Website und damit sich und Ihre Kanzlei sichtbar machen wollen – über Suchmaschinenwerbung, über Suchmaschinenoptimierung, über Anwaltssuchdienste oder Social Media etc. Die Grundlagen – die „essentials" – für diese Entscheidungen haben Sie in diesem Buch an die Hand bekommen.

© Der/die Autor(en), exklusiv lizenziert an Springer Fachmedien Wiesbaden GmbH, ein Teil von Springer Nature 2023
P. Löffler, *Kanzleimarketing online*, essentials,
https://doi.org/10.1007/978-3-658-42225-7_7

Was Sie aus diesem *essential* mitnehmen können

- Wie Sie mit einer individuellen Marketingstrategie den Grundstein für erfolgreiches Online-Kanzleimarketing legen.
- Was eine gute Kanzleiwebsite ausmacht und warum diese die Grundlage für alle weiteren Marketingmaßnahmen im Internet ist.
- Warum es wichtig ist, nicht nur die eigene Zielgruppe zu kennen, sondern exakte „Personas" zu ermitteln, an die sich Ihre Marketingmaßnahmen richten.

Printed in the United States
by Baker & Taylor Publisher Services

Printed in the United States
by Baker & Taylor Publisher Services